contre
la haine

Carolin Emcke

contre
la haine

plaidoyer
pour l'impur

traduit de l'allemand
par Élisabeth Amerein-Fussler

Seuil

Titre original : *Gegen den Hass*

ISBN original : 978-3-10-397231-3
© S. Fischer Verlag GmgH, Frankfurt am Main, 2016

ISBN 978-2-02-136533-7
© Éditions du Seuil, septembre 2017, pour la traduction française

www.seuil.com

Pour Martin Saar

« Mais si toute justice commence avec la parole, toute parole n'est pas juste. »

Jacques Derrida,
L'Écriture et la Différence

« Observer avec précision, c'est entrer dans les détails. »

Herta Müller,
Mein Vaterland war ein Apfelkern

Préface

« J'enfonce dans la boue du gouffre,
et rien où prendre pied ;
je suis entré dans les profondeurs des eaux,
le courant me submerge.
Je me fatigue à crier,
mon gosier est en feu,
mes yeux se consument d'espérer en mon Dieu.
Plus nombreux que les cheveux de ma tête
ceux qui me haïssent sans raison[1]. »

Psaume 69,3-5

Je me demande parfois si je devrais les envier. À d'autres moments, je me demande comment ils peuvent haïr à ce point. Comment ils peuvent être aussi sûrs d'eux. Car c'est ce qu'ils doivent être : sûrs d'eux. Sans quoi ils ne pourraient pas parler, blesser, tuer comme ils le font. Sans quoi ils ne pourraient pas rabaisser, humilier, agresser les autres à ce point. Ils doivent être sûrs d'eux. Dénués de doute. On ne peut pas haïr en doutant de la haine. S'ils doutaient, ils ne pourraient pas être hors d'eux à ce point. Pour haïr, il faut avoir des certitudes absolues. Chaque « peut-être »

1. La Bible, trad. É. Osty, Paris, Seuil, 1973.

serait importun. Chaque « probablement » ferait vaciller la haine, lui prendrait de l'énergie, cette énergie qui justement doit être canalisée.

On hait indistinctement. Il est difficile de haïr avec précision. Avec la précision viendraient la tendresse, le regard ou l'écoute attentifs, avec la précision viendrait ce sens de la nuance qui reconnaît chaque personne, avec ses inclinations et ses qualités multiples et contradictoires, comme un être humain. Mais une fois les contours estompés, une fois les individus rendus méconnaissables comme tels, il ne reste que des collectifs flous pour destinataires de la haine. On peut dès lors diffamer et rabaisser, hurler et fulminer à l'envi contre *les* juifs, *les* femmes, *les* mécréants, *les* noirs, *les* lesbiennes, *les* réfugiés, *les* musulmans, ou encore *les* États-Unis, *les* politiciens, *l'*Occident, *les* policiers, *les* médias, *les* intellectuels[1]. La haine façonne son objet. Il est fabriqué sur mesure.

1. Les termes utilisés pour désigner les personnes constituent également de puissants outils d'exclusion ou de stigmatisation. Le débat politico-linguistique portant sur les dénominations adéquates est un problème éthique central pour beaucoup de ceux qui travaillent sur les problèmes de l'exclusion, qu'ils soient chercheurs ou activistes politiques. Les catégories supposées « évidentes », comme « noir/blanc », ne font que répéter les assignations et divisions racistes que l'on veut précisément critiquer. C'est pourquoi il existe quantité de stratégies linguistiques permettant de traiter le problème avec plus de tact : de l'omission ou du remplacement des termes connotés, en passant par une utilisation exclusive des termes anglais, jusqu'à des formes typographiques créatives (« blanc » avec une minuscule, « Noir » avec une majuscule pour inverser la hiérarchisation sociale). Certes, ces options politico-linguistiques s'éloignent beaucoup des usages du langage parlé et écrit. D'un côté, c'est bien là l'objectif

On hait vers le haut ou vers le bas, dans tous les cas selon un axe de vision vertical, vers « ceux d'en haut » ou « ceux d'en bas » ; c'est toujours la catégorie de l'« Autre » qui opprime ou menace le « soi-même », l'« Autre » fantasmé comme puissance menaçante ou comme objet prétendument inférieur – et c'est ainsi que les agressions ou les destructions futures sont valorisées comme des actes non seulement *excusables*, mais *nécessaires*. L'« Autre » est celui que l'on peut impunément dénoncer ou mépriser, blesser ou tuer[1].

Ceux qui subissent cette haine dans leur propre chair, qui y sont exposés dans la rue ou sur Internet, le soir ou en plein jour, qui doivent supporter d'être désignés par des mots qui portent en eux toute une histoire de mépris et d'exactions, tous ceux qui reçoivent des messages appelant sur eux la mort ou les sévices sexuels, quand on ne les en menace pas directement, tous ceux à qui l'on n'accorde qu'une partie de leurs droits, dont

---

politique visé : il s'agit de changer les habitudes. Mais elles risquent aussi de manquer leur but auprès des publics qu'elles veulent atteindre. Il convient de retenir que « noir » et « blanc », tels qu'ils sont utilisés dans le texte, ne sont en aucun cas posés comme des faits objectifs, mais comme des assignations dans un contexte historico-culturel spécifique. Qui peut être lu et vu comme « noir », de quel droit, dans quel contexte et avec quelles conséquences sont des questions qui font l'objet de vives controverses. Sur le racisme et les assignations historiquement connotées, nous apporterons davantage de précisions dans le passage concernant Eric Garner.

1. C'est ainsi que Giorgio Agamben décrit la figure de l'« homo sacer ». Giorgio Agamben, *Homo sacer. Le pouvoir souverain et la vie nue*, trad. M. Raiola, Paris, Seuil, « L'Ordre philosophique », 1997.

on méprise le corps ou la coiffure, qui doivent avancer masqués de peur d'être agressés, tous ceux qui ne peuvent pas quitter leur maison parce que devant elle s'est massée une foule brutale et violente, ceux dont les écoles et les synagogues ont besoin de protection policière, tous ceux qui sont l'objet de la haine ne veulent et ne peuvent s'y habituer.

Certes, il a toujours existé une défiance larvée envers ceux qui étaient perçus comme autres ou étrangers. Elle ne se traduisait pas nécessairement en haine. En Allemagne, la plupart du temps, elle s'exprimait plutôt sous la forme d'un rejet corseté par les conventions sociales. Ces dernières années, elle a de plus en plus souvent pris la forme d'une sorte de malaise : n'était-on pas allé trop loin dans la tolérance ? Ceux qui ont une autre foi, un physique différent ou d'autres amours ne pouvaient-ils pas être satisfaits, à la fin ? Il y eut ce reproche direct et sans équivoque : les Juifs, les homosexuels et les femmes auraient pu faire montre d'une certaine satisfaction silencieuse. Après tout, il leur était déjà beaucoup permis. Comme s'il existait une limite supérieure à l'égalité des droits. Comme si les femmes et les homos pouvaient être égaux jusqu'à un certain point, mais pas plus loin. Tout à fait égaux ? N'exagérons rien. Parce qu'alors ils seraient… *vraiment égaux.*

Ceux qui formulaient ce curieux reproche du manque d'humilité se félicitaient *in petto* de la tolérance qu'ils avaient manifestée jusque-là. Comme si le fait que les femmes puissent travailler constituait en soi une réussite exceptionnelle – pourquoi prétendraient-elles en plus au même salaire ? Comme s'il fallait se féliciter de ce que les homosexuels ne soient plus criminalisés et internés. Un peu de gratitude semblait appropriée. Que des homosexuels s'aiment en privé, passe encore, mais pourquoi se marier publiquement[1] ?

Cette tolérance ambiguë se traduisait souvent, dans le cas des musulmans, par l'idée qu'ils pouvaient certes vivre ici, mais de préférence sans être pratiquants. La liberté religieuse s'appliquait surtout à la religion chrétienne. Au fil des années, on entendait aussi, de plus en plus souvent, qu'il fallait peut-être enfin cesser de vivre dans l'ombre de la Shoah. Comme si la mémoire d'Auschwitz, comme les yaourts, avait une date de péremption. Et comme si la réflexion sur les crimes nazis était à rayer de la liste des choses à faire, à l'instar d'une destination touristique une fois qu'on l'a visitée.

Mais quelque chose a changé en Allemagne et en Europe. On hait désormais ouvertement et sans vergogne. Parfois avec un sourire, parfois sans, mais trop souvent sans aucune honte. Les lettres de menaces, qui ont toujours existé sous leur forme anonyme, portent aujourd'hui l'adresse et la signature de l'expéditeur. Les délires violents et les commentaires haineux sur Internet se dissimulent de moins en moins sous des pseudonymes. Si l'on m'avait demandé, il y a quelques années, s'il serait à nouveau possible un jour de s'exprimer de cette manière dans notre société,

---

1. Imaginons un instant la situation inverse : soit, l'hétérosexualité est acceptable, mais pourquoi les hétérosexuels doivent-ils toujours l'être de façon ostensible ? Ils peuvent s'aimer en privé, mais pourquoi, en plus, vouloir se marier ?

je l'aurais exclu. Il était inconcevable pour moi que le débat public puisse jamais redevenir aussi brutal, que l'on puisse ainsi attiser la haine. Il semblerait presque que ce qu'on attend habituellement d'une conversation n'ait plus cours. Comme si les normes de la vie commune s'étaient tout bonnement inversées, que devait désormais se sentir honteux celui qui tient le respect envers autrui pour une politesse évidente et élémentaire, et fier celui qui manque de respect à autrui ou, pire encore, qui vomit grossièretés et préjugés.

Pour ma part, je ne vois pas de gain pour la civilisation dans cette évolution. Je ne tiens pas pour un progrès que chaque bassesse intérieure puisse être exhibée, parce que cette exhibition des ressentiments serait devenue, depuis peu, une catégorie pertinente de la vie publique, voire de la vie politique. Comme beaucoup d'autres, je ne veux pas m'y habituer. Je ne veux pas voir se normaliser cette jouissance renouvelée de la haine débridée. Ni ici en Europe, ni ailleurs.

Car la haine dont il sera question ici n'est ni individuelle ni fortuite. Il ne s'agit pas d'un vague sentiment qui viendrait parfois à s'exprimer, comme par mégarde ou prétendue nécessité. Cette haine est collective et idéologiquement constituée. La haine a besoin de formes dans lesquelles elle peut se déverser. Les termes humiliants, les associations d'idées et les images au moyen desquels on pense et trie, les grilles de lecture qui conditionnent jugements et catégories doivent être façonnés au préalable. La haine n'éclate pas soudainement, elle est cultivée. Tous ceux qui l'interprètent comme spontanée ou individuelle contribuent involontairement à ce qu'elle continue à être nourrie[1].

Dans ce tableau, le plus inquiétant n'est pas la montée de partis ou de mouvements populistes agressifs en Allemagne (et en Europe). On peut encore espérer qu'ils s'auto-détruisent avec le temps en raison des ego surdimensionnés de leurs leaders, par animosité réciproque ou, tout simplement, par manque de personnel politique qualifié. Peut-être aussi sous l'effet de leurs programmes rétrogrades qui nient la réalité sociale, économique et politique d'un monde globalisé. Sans doute perdront-ils aussi de leur attrait lorsqu'ils seront contraints, lors des débats publics, d'argumenter, de tenir compte de leur interlocuteur, et de développer une analyse rationnelle de questions complexes ; de même qu'une part de leur singularité dissidente lorsqu'ils rencontreront un assentiment sur les points où cela est possible. Cela rendra la critique d'autres points d'autant plus efficace. Sans doute faudra-t-il aussi de vastes programmes de réforme économique afin de répondre, dans les villes et les régions fragilisées, au mécontentement social dû aux inégalités croissantes et aux craintes des personnes âgées face à la pauvreté.

Ce qui est beaucoup plus dangereux, c'est ce climat de fanatisme qui règne, ici et ailleurs ; c'est cette dynamique d'un rejet toujours plus radical de ceux qui croient autre-

---

1. Dans ce qui suit, il ne sera pas question de pathologies ou de psychoses individuelles, qui peuvent elles aussi se traduire en haine et en violence (comme dans les crises de folie meurtrière). La question de savoir si, dans certains cas, ces dispositions psychiques se renforcent ou si les passages à l'acte se multiplient lors des périodes de mobilisation politique et idéologique de la haine exigerait une étude spécifique.

ment ou pas du tout, qui ont une autre apparence ou d'autres amours que celles imposées par la norme, c'est ce mépris grandissant de toute différence qui se répand peu à peu et abîme tout le monde. Parce que nous nous taisons trop souvent, horrifiés, nous qui sommes visés par cette haine ou qui en témoignons, parce que nous nous laissons intimider, parce que nous ne savons que faire face à ces vociférations et à cette terreur, parce que nous nous sentons sans défense et paralysés, parce que nous restons muets d'horreur. Car c'est hélas un des effets de la haine : elle stupéfie ceux qui y sont exposés, les désoriente et les prive de repères et de confiance.

On ne peut faire face à la haine qu'en déclinant son invitation à la rallier. Celui qui répond à la haine par la haine s'est déjà laissé déformer, il s'est déjà rapproché de ce que les haineux veulent qu'il soit. On ne peut faire face à la haine qu'avec ce qui manque au haineux : l'observation précise, la capacité de distinguer, encore et encore, et de douter de soi. Cela exige de dissoudre lentement la haine en ses ingrédients, de la séparer de ses présupposés idéologiques, d'observer comment elle naît et agit dans un contexte historique, régional et culturel spécifique. Cela peut sembler modeste. On pourrait objecter que les vrais fanatiques ne se laissent pas atteindre par cette voie. C'est possible. Il serait néanmoins utile que les sources auxquelles la haine se nourrit, que les structures qui la rendent possible, que les mécanismes auxquels elle obéit soient rendus plus identifiables. Il faudrait que ceux qui approuvent et applaudissent à la haine se voient privés de leurs certitudes. Que ceux qui font le lit de la haine en façonnant ses schémas de pensée soient dépouillés de leur naïveté insouciante et de leur cynisme. Que ne doivent plus se justifier ceux pour qui l'engagement humanitaire est une évidence, mais ceux qui refusent d'offrir la plus élémentaire assistance. Que n'aient plus à se défendre ceux qui veulent vivre ensemble dans une société ouverte et humaine, mais ceux qui minent ces valeurs.

Considérer la haine et la violence en relation avec les structures qui les rendent possibles, c'est aussi rendre visible le contexte de la justification qui les précède et de l'assentiment qui les suit, et sans lesquels elles ne pourraient prospérer. Examiner les différentes sources qui alimentent la haine et la violence dans un cas concret permet de déconstruire le mythe selon lequel la haine serait une chose naturelle, donnée *a priori*. Comme si la haine était plus authentique que le respect. Mais la haine n'est pas *simplement là* : elle est fabriquée. La violence non plus n'est pas *simplement là*. Elle est préparée. Dans quelle direction la haine et la violence vont se déverser, contre qui elles se dirigent, quels freins et quelles inhibitions doivent être préalablement levés, tout cela n'est pas dû au hasard, n'est pas préexistant, tout cela est au contraire orienté. Ne pas simplement condamner la haine et la violence mais observer leur mode de fonctionnement signifie toujours : montrer où *autre chose* aurait été possible, à quel moment quelqu'un aurait pu prendre une *autre* décision, *intervenir* ou *sortir du processus*. Décrire précisément le déroulement de la haine et la violence, c'est toujours, aussi, montrer comment elles peuvent être interrompues ou subverties.

Ne pas étudier la haine simplement au point précis de son déferlement aveugle ouvre de nouvelles possibilités d'action. Certaines formes de haine relèvent de la police ou de la justice. Mais lorsqu'elle prend la forme de l'exclusion et de l'enfermement, des petites techniques basses de l'exclusion par les gestes, les habitudes, les pratiques et les convictions, alors tous les membres de la société sont interpellés. Ôter aux haineux l'espace qui leur permet d'ajuster leur objet à leurs besoins est une tâche qui incombe à l'ensemble de la société civile. Cela ne saurait se déléguer. Il faut peu de chose pour porter assistance à ceux qui sont menacés pour cause d'apparence, de pensée, de foi ou d'amours différentes. Ce sont des détails qui pourront faire la différence et ouvrir l'espace social ou discursif à ceux que l'on veut en exclure. Peut-être l'acte le plus important contre la haine est-il de ne pas se laisser isoler. De ne pas se laisser repousser dans le silence, dans la sphère privée, à l'abri dans son cocon ou celui de son milieu. Peut-être l'acte le plus important est-il de sortir de soi-même. Pour aller vers les autres. Pour rouvrir avec eux les espaces sociaux et publics.

Ceux qui sont livrés à la haine et qu'on y abandonne seuls se sentent, comme l'exprime la plainte du psaume cité plus haut, pris « dans la boue du gouffre ». Ils ont perdu pied. Ils coulent dans les profondeurs, et les flots les submergent. Il importe de ne pas les laisser seuls, de les entendre lorsqu'ils appellent. De ne pas tolérer que les flots de haine continuent à gonfler. Établir des fondements solides, sur lesquels tous puissent se tenir – voilà ce qui importe.

Première partie

Visible – Invisible

« Je suis un homme qu'on ne voit pas [...]. Cette invisibilité dont je parle est due à une disposition particulière dans les yeux des gens que je rencontre[1]. »

Ralph Ellison

C'est un homme de chair et de sang. Pas un fantôme, ni un personnage de film. Mais un être avec un corps qui occupe un espace propre, qui projette une ombre, pourrait barrer le chemin ou la vue. Voilà ce que raconte le personnage principal, noir, dans le célèbre roman *Homme invisible, pour qui chantes-tu ?* de Ralph Ellison, paru en 1952. Quelqu'un qui parle et regarde les autres dans les yeux. Et pourtant, il semblerait qu'il soit entouré de miroirs déformants, dans lesquels ceux qui le croisent ne voient qu'eux-mêmes ou leur environnement. Tout sauf lui. Comment l'expliquer ? Pourquoi les Blancs ne peuvent-ils pas le voir ?

Leur acuité visuelle n'est pas diminuée, le phénomène n'a aucune cause physiologique : il s'agit d'une dispo-

1. Ralph Ellison, *Homme invisible, pour qui chantes-tu ?*, trad. M. et R. Merle, Paris, Grasset, « Les Cahiers rouges », 2002-2008, p. 35.

sition intérieure des observateurs, qui occulte l'homme noir et le fait disparaître. Pour les autres, il n'existe pas. Comme s'il était de l'air ou une chose inerte, un poteau de réverbère, quelque chose qu'il faut tout au plus éviter, mais qui ne mérite aucune mention, aucune réaction, aucune attention. Ne pas être vu, ne pas être reconnu, être invisible pour les autres constitue l'expérience la plus radicale du mépris[1]. Les invisibles, ceux qui passent inaperçus dans la société, n'appartiennent à aucun « Nous ». Leur parole est inaudible, leurs gestes sont ignorés. Les invisibles n'ont pas de sentiments, pas de besoins, pas de droits.

Dans son dernier roman, *Citizen*, la jeune romancière afro-américaine Claudia Rankine évoque elle aussi l'expérience de l'invisibilité : un jeune garçon noir tombe dans le métro, renversé par un inconnu qui ne l'a pas « vu ». L'homme ne s'arrête pas, ne l'aide pas, ne s'excuse pas. Comme s'il n'y avait eu aucun contact, comme s'il n'y avait personne. Rankine écrit : « Et tu veux que cela cesse, tu veux que l'enfant jeté à terre soit vu, qu'on l'aide à se relever, qu'il se fasse épousseter par cette personne qui ne l'a pas vu, qui ne l'a encore jamais vu, qui n'a peut-être encore jamais vu personne qui ne soit à son image[2]. »

---

1. Voir aussi la belle contribution d'Axel Honneth, « Invisibilité : sur l'épistémologie de la "reconnaissance" », in *Visibilité/Invisibilité, Réseaux*, n° 129-130, 2005, p. 39-57.
2. Claudia Rankine, *Citizen : An American Lyric*, Minneapolis, Graywolf Press, 2014. Texte original : « *... and you want it to stop, you want the child pushed to the ground to be seen, to be helped to his feet, to be brushed off by*

Tu veux que cela cesse. Tu ne veux pas que seuls certains soient visibles, ceux qui correspondent à une image inventée on ne sait quand et imposée comme norme par on ne sait qui : tu veux qu'il suffise d'être une personne humaine, et qu'il ne soit pas besoin d'autres qualités ou signes particuliers pour être vu. Tu ne veux pas que ceux dont l'apparence diffère légèrement de la norme soient ignorés, tu ne veux pas qu'il existe une norme quelconque de la visibilité. Tu ne veux pas que ceux qui sont différents, parce qu'ils ont une autre couleur de peau ou un autre corps, parce qu'ils ont d'autres amours, une autre foi ou d'autres espoirs que la majorité qui impose sa propre image, tu ne veux pas que ceux-là soient jetés à terre. Tu veux que cela cesse parce que c'est une offense pour tous, pas seulement pour ceux qui sont ignorés ou jetés à terre.

Mais comment naît cette « étrange disposition visuelle » dont parle Ralph Ellison ? Comment certains êtres humains deviennent-ils invisibles pour les autres ? De quels affects procède cette manière de voir qui rend les uns visibles et les autres invisibles ? De quelles représentations se nourrit cette attitude intérieure qui fait disparaître ou masque les autres ? Par qui et par quoi cette attitude est-elle élaborée ? Comment se répand-elle ? Quels récits historiques imprègnent cette façon de voir qui déforme ou fait disparaître ? Comment naît le cadre qui fournit les modèles d'interprétation dans lesquels certains êtres

---

the person that did not see him, has never seen him, has perhaps never seen anyone who is not a reflection of himself ».

sont perçus comme invisibles, insignifiants, menaçants ou dangereux ?

Et surtout, qu'est-ce que cela signifie pour tous ceux qui ne sont plus vus, qui ne sont plus perçus comme des êtres humains, lorsqu'ils sont ignorés ou perçus comme autre chose que ce qu'ils sont : comme des étrangers, des criminels, des barbares, des malades, dans tous les cas comme des membres d'un groupe, pas comme des individus avec des capacités et des goûts différenciés, pas comme des êtres vulnérables avec un nom et un visage ? À quel point cette invisibilité sociale les désoriente-t-elle et les paralyse-t-elle, étouffant leur capacité à se défendre ?

Amour

« Les sentiments ne croient pas au principe de réalité[1]. »

Alexander Kluge

« Apporte-moi la fleur ! » Par ces mots, Obéron, roi des elfes, envoie son lutin Puck en quête du suc magique qui rend fou d'amour. L'effet de la plante est calamiteux : quiconque se voit administré le suc de cette fleur dans son sommeil tombe amoureux de la première créature qu'il aperçoit à son réveil. Puck n'est pas le plus malin des elfes : il n'administre pas le suc aux personnages prévus par Obéron. C'est ainsi que surviennent, dans le *Songe d'une nuit d'été*, les complications et les embarras les plus étranges. Titania, la reine des fées, et Bottom le tisserand seront les plus durement malmenés. Puck transforme l'innocent artisan en une créature à tête d'âne géante. Le brave Bottom, qui n'est pas conscient de sa monstruosité, s'étonne que, subitement, tous fuient devant lui. « Dieu te bénisse, Bottom, Dieu te bénisse[2] ! » s'écrie son ami

---

1. Alexander Kluge, *Die Kunst, Unterschiede zu machen.*
2. William Shakespeare, *Le Songe d'une nuit d'été*, in *Œuvres complètes*, Paris, Gallimard, « Bibliothèque de la Pléiade », 1959, vol. 1, p. 1173.

devant l'horrible apparition et tente, avec le plus grand ménagement, de lui apprendre la vérité. « Tu es métamorphosé[1]. » Bottom prend tout cela pour une mauvaise blague de ses amis. « Ils veulent faire de moi un âne, m'effrayer, s'ils peuvent[2] » dit-il, et s'éloigne en chantant d'un air bravache.

Dans le bois, Bottom transformé en animal rencontre Titania, qui est elle aussi sous l'empire du suc magique. Et le charme opère : à peine a-t-elle aperçu Bottom qu'elle tombe amoureuse de lui. « Autant mon oreille est énamourée de ta note, autant mes yeux sont captivés par (ton aimable figure)[3], et la forme de ton brillant mérite m'entraîne, malgré moi, à la première vue, à dire, à jurer que je t'aime[4]. »

L'âne est certes un animal fort sympathique. Mais devant Titania se tient une créature mi-homme, mi-bête, et elle parle d'une « aimable figure » ? Comment est-ce possible ? Que ne voit-elle pas, ou que voit-elle autrement ? Est-il possible que Titania ne voie pas les énormes oreilles de Bottom ? Ni sa fourrure hirsute ? Ni son gros museau ? Peut-être regarde-t-elle Bottom sans en distinguer les contours exacts ni les détails. La bête lui apparaît, dans son ensemble, comme une « aimable figure ». Peut-être fait-elle tout simplement disparaître les attributs et les caractéris-

---

1. *Ibid.*
2. *Ibid.*
3. Nous avons introduit cette variante par rapport à la traduction de la Pléiade dans un souci de cohérence avec la suite du texte de Carolin Emcke. [N.d.T.]
4. *Ibid.*, p. 1174.

tiques qui ne correspondent pas au prédicat « aimable ». Elle est touchée, émue, « toquée », et cette euphorie semble annihiler certaines de ses facultés cognitives. Peut-être – et ce serait là une autre possibilité – *voit-elle* bien les oreilles énormes, la fourrure hirsute et le museau, mais, sous l'influence du suc magique, *apprécie-t-elle* ces attributs de son vis-à-vis autrement que si elle était dans son état normal. Elle voit bien les oreilles gigantesques, mais elles lui semblent soudain ravissantes et aimables.

Ce que l'artifice dramaturgique du suc magique provoque chez Shakespeare nous est familier : c'est ainsi que l'amour (ou le désir) nous saisit brusquement. Qu'il nous frappe sans crier gare et nous saisit tout entier, qu'il ravit nos sens. Il nous subjugue. Or Titania ne s'éprend pas de Bottom parce qu'il est comme il est, mais simplement parce qu'il est le premier être qu'elle aperçoit à son réveil. C'est bien Bottom qu'elle aime dans son envoûtement, et son apparence lui semble réellement aimable. Elle pourrait même énumérer les raisons pour lesquelles elle l'aime, mais ce ne sont pas les raisons véritables de son amour. Dans l'histoire de l'amour entre Titania et Bottom, Shakespeare évoque ces états émotionnels dans lesquels cause et objet de l'émotion ne coïncident pas. Il suffit d'avoir mal dormi pour être irritable, et la cause la plus futile permet de donner libre cours à son irritation. Elle tombera probablement sur le premier venu, qui ne comprendra pas ce qui lui arrive – et qui ne sera pas du tout la cause de cette irritation. Une émotion peut parfaitement être *suscitée* par autre chose que par l'objet, l'être ou l'événement auquel elle *s'adresse*. Bottom est bien l'objet de l'amour de Titania, mais il n'en est pas la cause.

Cette histoire révèle aussi un autre mécanisme. En amour, comme pour d'autres émotions, les *manières de voir actives* entrent en jeu. Titania ne contemple pas Bottom, objet de son amour, de manière neutre ; elle le juge et lui attribue des qualités – « aimable », « vertueux », « ravissant », « désirable ». Dans ce processus, la passion amoureuse, avec l'intensité qui lui est propre, écarte les perceptions éventuellement gênantes parce qu'elles sont indésirables : les défauts ou les habitudes désagréables de l'être aimé deviennent invisibles sous le regard aimant. Tout ce qui pourrait contrarier cet amour, tout ce qui pourrait empêcher le sentiment ou la jouissance se voit écarté, du moins dans les premiers emportements. L'objet de l'amour est ainsi ajusté sur mesure pour l'amour.

Il y a quelques années de cela, en Afghanistan, un jeune traducteur m'expliqua pourquoi il était judicieux que les parents choisissent la future épouse de leur fils. Gentiment, mais avec conviction, il m'expliqua que, d'évidence, on était totalement ébloui en étant amoureux, et donc incapable de juger si la femme vénérée vous convenait vraiment. Or l'expérience montrait que l'amour sous sa forme d'égarement mental ne durait pas. L'effet de la plante shakespearienne finit par se dissiper – qu'advient-il alors ? Voilà pourquoi il valait mieux que votre propre mère ait choisi d'avance et d'un œil lucide une femme qui vous conviendrait au-delà des égarements de la passion amoureuse. Lui-même avait vu sa propre femme sans voile pour la première fois le jour de leur mariage, et lui avait parlé seul pour la première fois lors de leur nuit de noces. S'il était heureux ? Oui, très[1].

Il existe différentes formes d'occultation. L'amour n'est qu'un des sentiments qui nous font occulter le réel. En amour, cet aveuglement que rien ne saurait ébranler prend des allures sympathiques. Parce qu'il valorise son partenaire et lui accorde d'avance toute sa bienveillance. Parce que l'être aimé profite de cette *projection*. D'une certaine manière, l'amour séduit précisément par sa capacité à surmonter toutes les résistances et tous les obstacles du réel. Celui qui aime ne veut pas s'encombrer d'objections ou de doutes. Celui qui aime ne veut pas avoir à s'expliquer. Chaque argument, chaque mention de l'une ou l'autre qualité donne aux amoureux l'impression d'amoindrir l'amour. Curieusement, l'amour est une forme de reconnaissance du ou des autres qui ne suppose pas forcément la connaissance. Il présuppose tout au plus que je prête à l'objet de l'amour certaines qualités que je juge « aimables », « nobles », « fascinantes » ou « désirables »[2]. Même s'il s'agit d'oreilles d'âne et d'un poil hirsute.

1. Clarifions les choses : ce récit n'est pas une incitation à l'imitation. Il ne fait que servir d'illustration à la vision shakespearienne de l'amour comme projection limitée dans le temps.

2. Il est possible de distinguer ainsi entre l'objet et l'« objet formel » d'une émotion. Voir : William Lyons, « Emotion », *in* Sabine Döring (dir.), *Philosophie der Gefühle*, Francfort-sur-le-Main, Suhrkamp, 2009, p. 83-110.

Espérance

« Les songes donnent des ailes aux insensés. »

Ecclésiaste 34,1[1]

Dans la légende de Pandore rapportée par Hésiode, Zeus envoie Pandore sur la Terre avec une boîte remplie de vices et de maux. La boîte doit absolument rester fermée, parce qu'elle contient des calamités jusque-là inconnues des hommes. Or, lorsque Pandore, poussée par la curiosité, soulève le couvercle et regarde à l'intérieur, la maladie, la faim et l'inquiétude s'échappent et se répandent sur Terre. Pandore ne voit pas l'espérance, qui reste au fond de la boîte lorsqu'elle la referme. Manifestement, pour Zeus, l'espérance fait partie des maux. Pourquoi ? N'est-elle pas une vertu positive, qui nous inspire, nous met dans de bonnes dispositions et nous incline aux bonnes actions ? Comme l'amour, l'espérance n'est-elle pas essentielle ?

Il est vrai ; mais il ne s'agit pas ici de l'espérance comprise comme projection raisonnablement fondée vers l'avenir, ou comme confiance dans l'existence. Celle-là

1. Traduction É. Osty, *op. cit.*

33

est nécessaire et utile. L'espérance dont parle Hésiode, au contraire, est cette forme d'espérance vaine qui se fonde sur des suppositions illusoires. Celui ou celle qui espère ainsi cède à un penchant pathologique : se convaincre qu'il se produira ce à quoi il ou elle aspire. C'est une sorte de joie anticipée, qui a décidé d'ignorer ce qui pourtant transparaît déjà. Emmanuel Kant parle dans ce contexte de la « partialité de la balance de l'entendement[1] », une partialité due à l'espérance.

Lorsque l'on souhaite vivement une issue heureuse, on détourne le regard des indices qui pourraient doucher cette espérance. Tout ce qui fait obstacle au scénario désiré se voit, consciemment ou inconsciemment, occulté et rendu invisible. Qu'il s'agisse de perspectives militaires, économiques ou médicales, il est aisé pour l'espérance de voiler les détails ou les signes qui vont à l'encontre de nos propres hypothèses. Ils dérangent, parce qu'ils pourraient nous conduire à revoir des pronostics par trop favorables. Ils agacent aussi, parce qu'ils freinent notre élan optimiste et nos illusions. Il est pénible de se confronter à une réalité désagréable, compliquée, ambivalente.

Lorsqu'un ami nous certifie qu'il n'a pas d'addiction, nous souhaitons que cela soit vrai. Nous le voyons boire, nous voyons comment, petit à petit, le rythme des rencontres et des amitiés se plie au rythme de la dépendance, comment celle-ci l'aliène de plus en plus à lui-même – et pourtant nous ne voulons pas le croire. Nous espérons

---

1. Emmanuel Kant, *Rêves d'un visionnaire*, trad. F. Courtès, Paris, Vrin, 1989, p. 87-88.

nous tromper, ne pas vivre ce que nous vivons : un ami est malade et nous le perdons. Nous espérons sa guérison et l'empêchons tout à la fois, parce qu'elle ne pourrait commencer qu'avec un regard objectif sur la dépendance.

Parfois, l'espérance ne conduit pas à occulter les sombres prémices d'une triste fin, mais à les interpréter différemment. Elles sont intégrées à une lecture plus favorable, qui nous satisfait parce qu'elle promet une fin plus heureuse. Mais cette lecture nous satisfait sans doute davantage parce qu'elle exige moins de nous. Peut-être l'ami finira-t-il par reconnaître sa dépendance ; s'ensuivront des conversations dans lesquelles il assurera en avoir lui-même démasqué tous les mécanismes. Il s'analyse mieux que nous ne pourrions jamais le faire. Et nous nous reprendrons à espérer que tout finira bien. Tous les indices qui pourraient contredire cet espoir, tout ce qui pourrait démasquer nos attentes comme irréalistes ou naïves disparaît. Peut-être aussi redoutons-nous le conflit. Qui aime dire à un ami ce qu'il ne veut pas entendre ? Qui souhaite s'immiscer, agacer l'autre et mettre en péril l'amitié ? C'est ainsi que l'espérance illusoire continue à masquer ce qui devrait être évident : quelqu'un est malade et se détruit.

Inquiétude

« À celui qui est une fois en mon pouvoir,
À celui-là le monde entier est inutile :
Une obscurité éternelle s'abat sur lui ;
Pour lui, le soleil ne se lève ni ne se couche ;
Malgré des sens extérieurs parfaits,
Les ténèbres habitent en lui
Et d'aucun trésor il ne sait
S'assurer la possession[1]. »

Le Souci, Johann Wolfgang von Goethe, Faust II

« À celui qui est une fois en mon pouvoir / À celui-là le monde entier est inutile. » C'est par ces mots que se présente le personnage du Souci dans le *Faust* de Goethe. Il est minuit, quatre femmes grises – la Faim, la Misère, la Faute et le Souci – viennent hanter Faust vieillissant dans son palais, dont la porte est fermée. Seul le Souci parvient à se faufiler par le trou de la serrure. Lorsque Faust le remarque, il essaie de le tenir éloigné de lui, il se défend contre ce qu'il lui dit (« Assez ! Tu ne pourras

---

1. Johann Wolfgang von Goethe, *Faust II*, trad. S. Paquelin, Paris, Gallimard, 1988, p. 1497.

pas me circonvenir ainsi. / Je ne saurais entendre pareilles absurdités. / Va-t'en ! Ta mauvaise litanie / Pourrait égarer l'homme le plus sage lui-même[1] »). Faust connaît parfaitement le dangereux pouvoir du Souci, celui de transformer les jours ordinaires en « horrible fatras », de faire paraître vains toute possession et tout bonheur, et de recouvrir toute perspective heureuse d'un voile sombre. Mais malgré tous les efforts de Faust, le Souci ne se laisse pas chasser. Finalement, avant de partir, il souffle au visage de Faust – qui *perd la vue*.

Le souci, ou l'inquiétude[2], telle que Goethe nous la décrit, s'empare de toute l'intériorité de la personne. Avec la vue, Faust perd la vision du monde extérieur. Il ne « voit » plus que les démons qui empoisonnent sa vie, parce qu'ils changent toute chose en souci, en menace, en obstacle. Alors que l'espoir évacue ce qui contredit ses attentes optimistes, l'inquiétude, elle, nie ce qui pourrait désarmer ses pressentiments anxieux.

Il existe certes des formes légitimes d'inquiétude : celles qui ont à voir avec la prudence, l'attention, voire la sollicitude envers autrui. Mais nous nous intéressons ici à cette forme d'inquiétude qui se nourrit d'elle-même et qui nie ce que pourtant il conviendrait de voir ou de

---

1. *Ibid.*

2. Nous avons choisi de traduire *Sorge* par « inquiétude ». En effet, cette thématique de la *Sorge* permet à Carolin Emcke d'aborder la question des *besorgte Bürger*, ces citoyens allemands inquiétés – on pourrait dire aussi « concernés », en pensant au terme anglais *concerned* » – par certains problèmes posés à la société allemande contemporaine. Voir note suivante. [N.d.T.]

savoir, cette inquiétude qui ne se laisse pas questionner, qui occulte ce qui la contredit. L'inquiétude, tout comme l'amour et l'espérance, fixe un objet de ce monde et le détermine comme sa cause supposée. Mais de même que Titania peut énumérer les raisons pour lesquelles elle aime Bottom, alors même que Bottom n'est pas la cause de cet amour, de même l'inquiétude peut avoir un objet qui n'est en rien inquiétant. L'objet de l'inquiétude n'est pas nécessairement identique à sa cause. L'inquiétude aussi peut fabriquer son propre objet.

Quiconque pense que la Terre est plate s'inquiète sans doute terriblement des risques de *chute*. Cette peur de l'abîme peut se justifier rationnellement : si la Terre est plate, elle a des bords d'où l'on peut tomber. Il est parfaitement légitime d'associer un abîme avec ce bord – et d'en avoir peur. Ceux qui s'inquiètent parce qu'ils pensent que la Terre est plate ne comprennent pas que les autres restent placides, qu'ils puissent continuer à vivre tranquillement dans leur sécurité illusoire, comme si le danger de l'abîme n'existait pas. Ceux qui s'inquiètent que l'on puisse tomber du bord ne comprennent pas que l'on n'agisse pas davantage face à ce risque. Ils désespèrent des politiciens aveugles et ignorants qui n'entreprennent rien, qui ne protègent pas mieux leurs citoyens, qui ne veulent pas établir de zones de sécurité devant l'abîme, voire qui affirment qu'il n'y a aucun abîme à l'horizon. Tout cela est en soi cohérent. Sauf que la Terre n'*est* pas plate.

Peut-être la cause, autrement dit l'objet réel de l'inquiétude, est-elle trop vaste et trop vague pour être saisie. Peut-être que ce qui inquiète ne se laisse pas *appréhender* justement parce que cela fait peur et que cette peur paralyse. Dès lors l'inquiétude cherche un autre objet, plus maniable, sur lequel se focaliser, un objet qui ne rend pas impuissant, mais bien au contraire encourage à l'action, pour un moment du moins. Il devient alors possible, pendant ce bref moment, d'éliminer les phénomènes inquiétants et menaçants, ou de les remplacer par d'autres plus faciles à combattre.

L'inquiétude, et c'est surprenant, est très en vogue de nos jours. On nous suggère qu'à travers l'inquiétude se voit formulé un malaise légitime que le politique devrait, selon la formule consacrée, prendre au sérieux, et qui ne pourrait en aucun cas être soumis à un examen critique. Comme si les sentiments bruts étaient justifiés en eux-mêmes. Comme si revenait à ces sentiments non réfléchis une légitimité toute particulière. Comme si les sentiments ne devaient pas être simplement éprouvés, mais aussi exposés et exprimés à tout prix et sans entrave dans l'espace public. Comme si, face à des convictions ou des sentiments personnels, tout examen, toute réflexion, toute forme de scepticisme limitait l'égo de façon inacceptable. L'inquiétude se voit ainsi élevée au rang de catégorie politique, dotée d'une étonnante autorité.

Bien entendu, il est des inquiétudes sociales, politiques ou économiques dont on peut débattre publiquement. Il existe des raisons compréhensibles pour lesquelles des personnes plus fragiles, plus vulnérables, plus marginalisées que d'autres s'inquiètent de l'inégalité sociale grandissante, des chances de progression sociale incertaines de leurs enfants, de l'argent manquant aux communes ou de la dégradation croissante des équipements publics. Et il est bien entendu légitime de se demander où et comment les doutes et les misères politiques et sociales peuvent s'exprimer. Je partage tout à fait certaines inquiétudes face à certaines décisions politiques relatives à l'immigration : comment éviter cet urbanisme à courte vue consistant à édifier aujourd'hui, vite et à bon marché, dans des zones isolées, des hébergements de masse qui seront décriés demain comme des « ghettos » culturels et sociaux ? Comment concevoir une politique éducative qui ne s'adresse pas uniquement aux jeunes gens dont on a besoin sur le marché du travail, mais aussi à leurs mères, qui devraient pouvoir manier la langue dans laquelle leurs enfants et petits-enfants vont grandir, la langue de l'administration, du monde qui les entoure ? Comment protéger les réfugiés face au racisme et à la violence grandissants ? Et comment éviter une hiérarchisation de la souffrance et de la pauvreté entre différents groupes marginalisés ? Comment structurer un travail de mémoire sans qu'il se transforme en une histoire ethnique qui exclut une partie de la population ? Comment le récit du passé peut-il s'ouvrir et s'élargir sans perdre le rapport à la Shoah ? Je ne saurais trop souligner combien ces inquiétudes-là sont légitimes. Mais on peut les discuter publiquement et les confronter à une critique rationnelle.

En revanche, l'expression « citoyen inquiet[1] » fonctionne aujourd'hui comme un bouclier discursif destiné

1. Les « citoyens inquiets » renvoient à la notion de « *besorgte Bürger* » apparue ces dernières années en Allemagne. Il s'agit d'Allemands manifestant leur inquiétude face à la politique d'immigration de leur

à éviter l'analyse des causes rationnelles de ces inquiétudes. Comme si les sentiments étaient par essence un argument pertinent dans les discussions publiques – et pas seulement un affect qui peut être justifié ou injustifié, approprié ou inapproprié, raisonnable ou excessif. Comme si, tout comme pour l'amour et l'espérance, on ne pouvait demander à quoi se rapporte l'inquiétude, ce qui l'a déclenchée, ou si la cause et l'objet coïncident. Comme si l'inquiétude n'était pas consubstantielle de ce pouvoir évoqué par Goethe dans *Faust* : elle obscurcit le regard de celui dont elle s'empare et l'empêche de reconnaître tout ce qui est stable et sûr, tout bonheur et toute prospérité.

Ce n'est pas dire que ceux qui sont sujets à l'inquiétude doivent être dévalorisés. Mais ils doivent accepter que ce qui se donne comme inquiétude soit examiné de près et ramené à ses composantes. Ceux qui s'inquiètent doivent supporter que l'on différencie entre l'inquiétude et ce que la philosophe Martha Nussbaum a appelé le « dégoût projectif » – autrement dit le pur rejet d'autrui au prétexte d'avoir à se protéger[1]. Il existe nombre d'affects qui sapent la disposition sociale à la compassion, et qui se distinguent parfaitement de l'inquiétude. Pour Nussbaum, le narcissisme en fait partie, au côté de la peur et du dégoût projectif.

---

gouvernement, mais aussi face à des choix politiques ou monétaires au niveau européen. Certains d'entre eux se reconnaissent dans le mouvement Pegida ou dans le parti AfD (Alternative pour l'Allemagne). [N.d.T.]

1. Martha Nussbaum, *Les Émotions démocratiques. Comment former le citoyen au XXIe siècle ?*, trad. S. Chavel, Paris, Flammarion, « Climats », 2011, p. 46.

Ceux qui évoquent actuellement les « citoyens inquiets » veulent surtout les voir mis à l'abri de toute critique morale ou politique. Les « citoyens inquiets » devraient absolument être distingués des racistes ou des extrémistes de droite. Personne ne veut être raciste. Même un raciste ne veut pas être raciste, parce que cette étiquette est devenue socialement taboue (même si ce qu'elle désigne ne l'est peut-être plus). Aussi l'inquiétude convient-elle très bien comme sentiment-écran. L'inquiétude voile la xénophobie qui parfois l'accompagne, et met ainsi à l'abri de toute critique. Moyennant quoi, on se soumet au tabou tout en le transgressant. Le rejet social de la xénophobie se voit à la fois confirmé et remis en question. Lorsque l'on qualifie d'inquiétude ce qui en réalité dissimule le rejet, la rancune et le mépris, les lignes séparant ce qui est socialement acceptable de ce qui ne l'est pas sont brouillées.

Que les « citoyens inquiets » haïssent les immigrants, qu'ils diabolisent les musulmans, qu'ils rejettent de toutes leurs forces et jugent inférieurs ceux qui ont une apparence, des amours, une foi ou des convictions différentes des leurs : leur inquiétude, qu'il ne faudrait jamais pouvoir questionner, masquera toutes ces convictions et ces affects. Le « citoyen inquiet » est intouchable. Car que pourrait-on trouver de moralement répréhensible à l'inquiétude ? Comme si dans une société tout devait être permis, comme si ne devait exister aucune norme de l'acceptable ou de l'inacceptable, parce que toute norme pourrait limiter le libre égocentrisme des individus.

Ceux qui se cachent derrière cette désignation, comme les partisans de l'AfD ou de Pegida¹, ne sont plus les seuls à parler de « citoyens inquiets » : certains journalistes ont contribué à cette étrange glorification des affects. Alors qu'ils devraient bien plutôt analyser les causes et les objets de cette inquiétude, avec sang-froid et sens de la nuance ; établir les motifs de l'inquiétude, et les critiquer lorsqu'ils sont dénués de tout fondement factuel et réel. Le devoir du journalisme consiste non pas à aller dans le sens des lecteurs et lectrices en toute chose, pas plus qu'à encourager *a priori* petits et grands mouvements sociaux, mais bien au contraire à analyser leurs arguments, leurs stratégies et leurs méthodes et à les soumettre éventuellement à un examen critique.

Cette haine dissimulée sous le manteau de l'« inquiétude » n'est-elle pas l'avatar (ou la soupape) d'une expérience collective de privation de droits, de marginalisation ou de représentation politique déficiente ? Il est indispensable de rechercher avec lucidité ce qui est à l'origine de l'énergie actuellement à l'œuvre en tant de lieux sous forme de haine et de violence. Par ailleurs, les sociétés concernées

1. L'AfD, « l'Alternative pour l'Allemagne », est un parti politique allemand anti-euro créé en 2013 après les décisions politiques présentées comme « sans alternative » lors de la crise de la dette dans la zone euro. L'AfD appartient à la droite conservatrice, voire populiste. Pegida (« Patriotische Europäer gegen die Islamisierung des Abendlandes », les « Patriotes européens contre l'islamisation de l'Occident ») est un mouvement populiste de droite, raciste et anti-islamique. Il a été créé en 2014 à Dresde en Saxe, mais le mouvement a fait des émules dans plusieurs villes allemandes et organise régulièrement des manifestations sur la voie publique. [N.d.T.]

Visible – Invisible

doivent se demander pourquoi elles ne réussissent pas à identifier plus tôt les blessures auxquelles la haine et le fanatisme identitaire ne sont que de mauvaises réponses. Quelles sont les œillères idéologiques qui empêchent de percevoir le mécontentement face aux inégalités sociales ?

Les réflexions les plus fécondes dans ce domaine me semblent être celles de Didier Eribon, dans la lignée des travaux de Jean-Paul Sartre, pour qui les groupes et les milieux qui tendent le plus au fanatisme et au racisme sont plutôt ceux qui se forment à partir d'expériences négatives. Chez Sartre, certains groupes, qu'il nomme « séries », se forment par des processus d'adaptation passive et non-réfléchie à un environnement restrictif et hostile. Selon lui, c'est le sentiment d'impuissance face à la réalité sociale – et non pas le sentiment d'identification confiante et active avec une mission ou une idée – qui produit ce type de série[1]. Eribon observe notamment la tendance des classes populaires françaises à se rapprocher du Front national.

Mais l'analyse structurelle de l'émergence de groupes ou de mouvements qui se forment moins autour d'une intention politique déterminée qu'à travers le partage d'expériences matérielles négatives pourrait être tout aussi intéressante pour d'autres contextes ou milieux. Le racisme

1. J'ai décrit de manière très détaillée ce modèle d'identification passive chez Jean-Paul Sartre et chez Iris Marion Young *in* Carolin Emcke, *Kollektive Identitäten*, Francfort-sur-le-Main, Campus, 2000, p. 100-138. La question de savoir s'il est applicable à différentes formes et groupements du fanatisme demanderait une analyse plus approfondie et spécifique que cela n'est possible ici.

ou le fanatisme se révèlent être un meilleur facteur de cohésion que ce qui est susceptible d'unir réellement les individus : « C'est donc très largement l'absence de mobilisation ou de perception de soi comme appartenant à un groupe mobilisé ou solidaire parce que potentiellement mobilisable et donc toujours mentalement mobilisé qui permet à la division raciste de supplanter la division en classes[1]. »

Selon cette lecture, il est nécessaire d'ébranler les schémas racistes et nationalistes (et ainsi protéger ceux qui y sont soumis) en dévoilant les questions sociales qui n'ont pas été posées ou qui ont été masquées. C'est peut-être là que réside le tragique particulier de ces idéologues fanatiques et antilibéraux : ce sont précisément les thèmes provoquant un mécontentement politique justifié qui ne sont jamais abordés. « Le danger de l'inquiétude, c'est qu'elle fait obstacle à une solution du problème en prétendant la chercher[2]. »

1. Didier Eribon, *Retour à Reims*, Paris, Flammarion, 2010, p. 152.
2. Jürgen Werner, *Tagesrationen*, Francfort-sur-le-Main, Verlag tertium datur, 2014, p. 220.

Haine et mépris

1
Misanthropie de groupe
(Clausnitz)

« La monstruosité et l'invisibilité sont deux sous-espèces de l'Autre[1]. »

Elaine Scarry

Mais que voient-ils ? Que voient-ils autrement que moi ? La vidéo est courte, trop courte peut-être. On a beau la regarder encore et encore, on n'y comprend rien. L'obscurité enveloppe la scène comme un manteau : au milieu, en source de lumière centrale, une inscription vert-jaune, « Plaisir de voyager » ; à gauche un objet jaune anguleux, vraisemblablement le rétroviseur du bus ; au premier plan on ne voit, de dos, que les têtes de gens qui se tiennent à l'extérieur du bus, tendant leurs mains vers les passagers, le pouce vers le haut, l'index tendu, et qui scandent en hurlant : « Nous

---

1. Elaine Scarry, « Das schwierige Bild der Anderen ».

sommes le peuple[1] ! » On ne les verra jamais de face. Ils n'existent que par ces mouvements de mains, cette parole collective, comme si celle-ci pouvait se justifier elle-même, ou justifier la haine des autres. « Nous sommes le peuple », cette citation historique signifie à ce moment-là en Saxe : « Vous ne l'êtes pas », « Nous sommes ceux qui déterminons qui a le droit d'en être ou pas »[2].

Mais qui voient-ils – ou que voient-ils – en face d'eux ?

La caméra zoome légèrement sur le pare-brise du bus. À l'intérieur, on distingue sept personnes qui sont assises ou debout à l'avant du bus : à droite le chauffeur, immobile, sa casquette profondément enfoncée sur la tête. Sur les premiers sièges à gauche, deux jeunes femmes ; dans le couloir, deux hommes tournent le dos à la foule qui hurle à l'extérieur et semblent s'adresser aux réfugiés pétrifiés ; un des hommes étreint un enfant. On ne voit de celui-ci que deux petites mains qui enserrent le dos de l'homme.

---

1. « *Wir* sind das Volk » est un des slogans que scandaient les participants aux manifestations du lundi à Leipzig (ex-RDA) en 1989, peu avant la chute du Mur de Berlin. Ils affirmaient ainsi que les manifestants incarnaient « réellement » le peuple, par opposition aux dirigeants de la RDA qui avaient, selon eux, trahi ceux qu'ils étaient censés représenter. [N.d.T.]

2. Voir aussi Jan-Werner Müller : « La revendication fondamentale de tous les populismes consiste à affirmer constamment ceci, à peu de chose près : "Nous – et seulement nous – représentons le peuple véritable" », in *Qu'est-ce que le populisme ? Définir enfin la menace*, trad. F. Joly, Paris, Premier Parallèle, 2016, p. 31. Müller demande aussi quelle différence cela ferait si l'on ajoutait un seul mot au slogan : « Nous sommes *aussi* le peuple. »

Depuis combien de temps sont-ils assis là ? Depuis combien de temps le bus est-il bloqué ? Y a-t-il eu des discussions avec ceux qui hurlent dehors et empêchent la poursuite du voyage ? Les images ne permettent pas de répondre à ces questions. Une dame âgée, coiffée d'un foulard beige, est debout dans le couloir et observe la meute hurlante devant le bus ; visiblement indignée, elle gesticule à l'adresse de ceux qui crient dans sa direction ; et elle crache, ou du moins fait mine de cracher. Les autres, à l'extérieur, en criant « Nous sommes le peuple », veulent signifier : « Vous êtes étrangers », « Vous n'en faites pas partie », « Retournez d'où vous venez » ; le crachat exprime lui aussi une sorte de « Non », « Non, nous ne méritons pas cette humiliation », « Non, votre comportement n'est pas acceptable », « Mais qu'est-ce que c'est que ce peuple ? »[1].

Puis l'enfant quitte l'étreinte protectrice : on voit pour la première fois un garçon en blouson bleu à capuche, le visage bouleversé, apparemment en larmes. Il regarde ceux dont il ne comprend pas les slogans, mais dont les gestes sont sans ambiguïté. Il doit sortir parmi eux. Il est dirigé par la sortie avant vers l'obscurité où l'on crie à présent : « Dehors… Dehors… » À l'intérieur du bus, on voit à présent nettement les deux femmes au premier rang qui se cramponnent l'une à l'autre. Celle de droite

---

1. On pense à cette phrase de Frantz Fanon : « On comprend, après tout ce qui vient d'être dit, que la première réaction du Noir soit de dire non à ceux qui tentent de le définir. » Frantz Fanon, *Peau noire, masques blancs*, Paris, Seuil, « Points », 2015, p. 33.

enfouit son visage dans l'épaule de sa voisine, qui essuie ses larmes.

Que voient-ils, ceux qui sont là, dehors, à hurler ? La vidéo de Clausnitz a été beaucoup discutée et commentée. L'horreur et l'indignation ont été quasi générales. Il fut question de « honte », de « populace », et la plupart des commentateurs ont essayé, par leurs paroles ou leurs actes, de prendre leurs distances avec la scène. Pour ma part, elle m'a d'abord stupéfiée. Avant l'horreur, il y eut l'incompréhension. Comment cela *fonctionne*-t-il ? Comment est-il possible de voir l'enfant en pleurs, les deux jeunes femmes terrorisées, et de crier « Dehors ! » ? Ils voient des êtres humains terrifiés, et ne perçoivent ni la terreur ni les êtres humains. Quelles techniques d'occultation ou de masquage sont nécessaires pour cela ? Quels présupposés idéologiques, émotionnels, psychiques, façonnent ce regard qui ne distingue plus l'humanité dans les êtres humains ?

À Clausnitz, des êtres humains ne sont pas simplement rendus invisibles, les réfugiés dans le bus ne sont pas *non-vus*, ils ne sont pas ignorés, c'est bien pire : ils sont perçus comme des objets de haine. « La haine présuppose que l'objet soit pris au sérieux », écrit Aurel Kolnai dans son analyse des sentiments hostiles ; « il doit être objectivement important, éminent, dangereux, puissant[1]. » Dans cette perspective, le slogan « Nous sommes le peuple » ne suffit pas. Il n'est pas simplement question ici de savoir si les uns sont à leur place, et pas les autres. Ce serait trop

1. Aurel Kolnai, *Les Sentiments hostiles*, trad. O. Cossé, Belval, Circé, 2015, p. 144.

futile : on se contenterait de tenir les nouveaux arrivants pour quantité négligeable. Et « le peuple » aurait pu rester chez lui ce soir-là. Il aurait pu s'occuper d'affaires plus importantes. C'est autre chose qui se joue ici.

D'une part, les réfugiés dans le bus sont rendus *invisibles* en tant qu'individus. Ils ne sont pas perçus comme partie d'un Nous universel. Ils sont niés en tant qu'êtres humains dotés d'une histoire, d'une expérience et de qualités particulières. Et simultanément, ils sont rendus *visibles* ou construits comme Autre, comme non-Nous. On projette sur eux des caractéristiques qui les façonnent et les distinguent comme un collectif inquiétant, repoussant, dangereux. « La monstruosité et l'invisibilité sont deux sous-espèces de l'Autre, écrit Elaine Scarry, l'une démesurément visible et repoussant l'attention, l'autre inaccessible à l'attention et donc d'emblée absente[1]. »

Dans la scène de Clausnitz, la haine est à l'œuvre ; et pour être haï, l'objet doit être pensé comme étant monstrueux et d'importance existentielle. Voilà qui suppose une étrange inversion des rapports de force réels. Alors même que ces nouveaux arrivants sont manifestement sans pouvoir, qu'ils n'ont pas d'autres biens que ce qui, dans un sac en plastique ou un sac à dos, subsiste de leur fuite, qu'ils ne parlent pas la langue dans laquelle ils pourraient argumenter ou se défendre, qu'ils n'ont plus de toit, il faut croire qu'ils représentent un danger

---

1. Elaine Scarry, « Das schwierige Bild der anderen », *in* Friedrich Balke, Rebekka Habermas, Patricia Nanz et Peter Sillem, *Schwierige Fremdheit*, Francfort-sur-le-Main, Fischer Verlag, 1993, p. 242.

terrible, contre lequel se défendent ceux qui se prétendent impuissants.

Dans cette vidéo, trois groupes de personnes sont visibles autour du bus : ceux qui crient leurs slogans et hurlent, ceux qui les regardent et, enfin, les policiers.

Premièrement : jusqu'ici, on sait peu de chose sur ceux qui scandent des slogans devant le bus. Ils demeurent un groupe vague, désigné tantôt comme « populace », tantôt comme « plèbe », voire comme « ramassis ». Aucun de ces termes ne me satisfait. Je ne me satisfais pas de condamner les personnes en tant que telles[1]. On ne sait rien sur leur âge ou leur niveau de diplôme, on ne sait rien du contexte social ou religieux dans lequel ils évoluent, s'ils travaillent ou sont chômeurs, s'il leur est arrivé de croiser des réfugiés dans leur région. Les biographies des haineux ne m'intéressent pas ici. Il ne m'intéresse pas de savoir si, individuellement, ils se définiraient comme « de droite », s'ils sont liés à une organisation ou à un parti politique, s'ils sont proches de l'AfD ou de la « Linke[2] », s'ils écoutent la musique de « Sachsenblut », de « Killuminati » ou de

1. Le seul terme qui me semble adéquat est celui de « meute », au sens que lui donne Elias Canetti : « La meute est constituée d'un groupe d'hommes excités, qui ne souhaitent rien plus violemment qu'*être plus nombreux*. » Elias Canetti, *Masse et puissance*, trad. R. Rovini, Paris, Gallimard, 1966, p. 97.

2. « Die Linke » (« La Gauche ») est un parti politique allemand né en 2007 à Berlin de la fusion du PDS, ex-SED, le parti dominant de l'ex-RDA, et de la WASG (Wahlalternative für soziale Gerechtigkeit – Alternative électorale pour la justice sociale). Elle siège au Bundestag et défend une ligne économique anti-libérale, ainsi qu'un socialisme démocratique. [N.d.T.]

« Helene Fischer »[1]. La police de Saxe déclarera par la suite que les manifestants devant le centre d'hébergement pour réfugiés de Clausnitz étaient un groupe d'une centaine d'individus, pour la plupart originaires de la région.

Ce qui m'intéresse, c'est ce que disent ces personnes et ce qu'elles font, ce qui m'intéresse, ce sont leurs *actes* – aussi seront-elles désignées dans ce qui suit comme les haineux, les vociférateurs, les protestataires et les diffamateurs. Observer et critiquer les actes et non les personnes ouvre la possibilité que celles-ci se distancient de leurs actes, qu'elles puissent changer. Cette façon de voir ne juge pas la personne ou le groupe, mais ce qu'ils ou elles disent et font dans une situation *concrète* (et, ce faisant, produisent comme effet). Voici ce qui m'intéresse : qu'est-ce qui les rend capables de tels actes ? D'où leur vient ce langage ? Quels ont été les antécédents de cette action ? Quels sont les schémas d'interprétation présupposés par cette vision des réfugiés ?

Sur la page Facebook sur laquelle la vidéo a sans doute été publiée pour la première fois, « Döbeln[2] se défend – Ma voix contre l'invasion étrangère[3] » –, le petit film

1. Il s'agit de deux groupes de musique, Sachsenblut et Killuminati, considérés comme étant d'extrême droite, et d'une chanteuse de variété (*Schlager*), Helene Fischer, extrêmement populaire en Allemagne. [N.d.T.]

2. Döbeln est une ville allemande de 25 000 habitants située en Saxe, dans l'ancienne Allemagne de l'Est. La page Facebook dont il est question passe pour être le lieu d'expression d'habitants de Döbeln proches de l'extrême droite. [N.d.T.]

3. https://www.facebook.com/Döbeln-wehrt-sich-Meine-Stimme-gegen-Überfremdung-687521988023812/photos_stream ? ref = page_internal.

apparaît comme le point d'orgue provisoire d'une séquence de onze images et de nombreux commentaires qui se rapportent au trajet des réfugiés[1]. Aucune indication sur les dates ni les auteurs des photos. Elles semblent illustrer les trajets de différents bus depuis ou vers des centres d'hébergement. La série commence par une photo montrant une scène plongée dans l'obscurité : au centre de l'image, une rue déserte, apparemment située dans une zone industrielle ; à gauche, une partie de deux bâtiments et la moitié d'un bus blanc en train de tourner vers la gauche pour contourner l'un des bâtiments. L'image s'intitule « En catimini à Döbeln » et porte en légende : « Peu après 6 heures près d'Autoliv. On amène les nouveaux spécialistes en vols et larcins. »

Autoliv est l'enseigne d'un fabricant suédois de matériel de sécurité, qui a dû mettre fin à sa production à Döbeln il y a deux ans. Depuis 1991, Autoliv avait produit à Döbeln des ceintures de sécurité avec leurs boucles et les dispositifs de réglage. Progressivement, l'entreprise avait réduit le nombre d'employés de 500 à 246, jusqu'à ce qu'en 2014 la production ait été définitivement interrompue et l'entreprise délocalisée en Europe de l'Est[2]. Fin 2015, après négociation avec le propriétaire, le bâtiment désaffecté avait été transformé en un centre d'accueil pour réfugiés pouvant accueillir jusqu'à 400 personnes. Quel étrange

---

1. Au moment de la rédaction de cet ouvrage, les images, vidéos et commentaires étaient encore visibles sur cette page Facebook.

2. http://www.sz-online.de/sachsen/autoliv-schliesst-werk-in-doebeln-2646101.html.

déplacement : parce que la colère envers l'entreprise qui a fermé son usine à Döbeln n'a plus de destinataire, elle se reporterait sur ceux qui occupent l'espace laissé vacant par le vrai responsable ? Ce ne sont pas ceux qui ont vidé l'usine qui deviennent l'objet de la colère, mais ceux qui ont besoin du bâtiment vide. Ce ne sont pas les dirigeants d'Autoliv qui sont diffamés comme « spécialistes en vols et larcins », mais les réfugiés qui doivent emménager dans le bâtiment désaffecté.

Sur une autre photo, on ne voit que la partie arrière d'un bus portant l'inscription « Plaisir de Voyager ». C'est le nom d'un voyagiste de la région, qui détaille sur la page d'accueil de son site ce qu'il faut entendre par là : « Passez vos vacances en bonne compagnie, retrouvez de vieux amis ou faites de charmantes rencontres. » D'autres photos de la série permettent de se faire une idée des « charmantes rencontres » que les réfugiés allaient faire grâce aux bus « Plaisir de Voyager » en ce 18 février 2016 : sur l'une d'elles, une voiture arrêtée bloque la route du bus[1]. Sur une autre encore, une tractopelle affiche une banderole portant l'inscription : « Notre pays, nos règles – Patrie – Liberté – Tradition », ce qui est assez amusant, car aucun de ces trois concepts n'implique une règle qui pourrait en découler. Quant à la question de savoir si, à tout le moins, « liberté » et « tradition » ne seraient pas contradictoires, elle restera en suspens.

---

1. Le bus de l'entreprise Reisegenuss, qui a finalement été bloqué à Clausnitz, était parti ce jour-là de Schneeberg pour aller au centre d'accueil des réfugiés de Freiberg et enfin à Clausnitz. Il ne s'est jamais arrêté à Döbeln.

La série de photos qui encadre la vidéo évoque une sorte de chasse, comme si un bus avec des réfugiés avait été poursuivi et finalement acculé comme un gibier. Le récit n'est manifestement pas désagréable aux rédacteurs et contributeurs de la page (sans quoi il ne serait pas documenté et publié de cette manière) : cette chasse semble licite à ceux qui y participent. Aucun doute ne les effleure pendant ce blocage de plus de deux heures au cours desquelles des femmes et des enfants terrorisés sont menacés. Bien au contraire, la bande des chasseurs se met en scène à la fin du récit, furieuse et fière, devant sa proie impuissante.

Ce qui rend cette séquence de la course-poursuite et du blocage si intéressante, c'est la proximité recherchée avec ceux qui sont présentés comme hautement dangereux. Le bus sur la première photo à Döbeln et celui qui est bloqué à Clausnitz sont deux bus différents ; mais ces deux images présentent le transport des réfugiés comme un scandale (« En catimini… à Döbeln »). On ne sait pas vraiment à partir de quand les bloqueurs de Clausnitz ont fait le guet, ni qui les a informés. Seule certitude : tous ceux qui bloquaient le bus *cherchaient* manifestement la confrontation. Autrement dit, les réfugiés n'ont pas été *fuis* par ceux qui prétendument les craignaient, ils n'ont suscité ni recul ni dégoût. Bien au contraire : ils ont été recherchés, et acculés. Si la peur et l'inquiétude avaient constitué les motivations déterminantes des manifestants (comme on aime l'affirmer), ils n'auraient pas recherché leur *proximité*. Quiconque est en proie à la peur essaie de mettre la plus grande distance possible entre lui-même et le danger. La haine, en revanche, ne peut pas simplement contourner son objet ou le maintenir à distance : il le lui faut à portée de main, pour pouvoir « l'anéantir[1] ».

Deuxièmement : les spectateurs forment le deuxième groupe de personnes près du bus à Clausnitz. Ils ne sont pas animés par la même haine. Il y avait là, sans doute, des personnes attirées par le goût du scandale, ou par le divertissement que procure toute provocation en vous tirant de l'ennui quotidien. Sans doute y avait-il aussi des suiveurs, simplement étonnés des hurlements poussés par d'autres. Ils ont dû ressentir une jouissance pornographique face à des outrances dont eux-mêmes auraient sans doute été incapables. Ces témoins extérieurs, qui font pourtant partie de la scène, figurent aussi sur les enregistrements. Ils se contentent d'être là, mais ils constituent le forum offrant l'attention dont les vociférateurs ont besoin pour s'affirmer comme « peuple ».

C'est dans sa dimension spectaculaire que réside le double impact de ce genre de scène. Le spectacle s'adresse à un public qui grandit à mesure que la provocation s'amplifie. Mais il s'adresse aussi aux victimes, qui ne peuvent pas échapper à une mise en scène qui les humilie. Le spectacle ne se contente pas de terroriser les victimes, il les ridiculise en les dégradant au rang d'objet d'amusement. Ces exactions commises par la meute ont une longue tradition : l'humiliation publique et ostentatoire de marginaux, l'affirmation de la force collective dans une arène où des êtres sans défense sont pourchassés ou lynchés, leurs maisons

---

1. Aurel Kolnai, *Les Sentiments hostiles*, *op. cit.*, p. 182 *sq.*

abîmées ou détruites, autant de techniques transmises de longue date. La scène de Clausnitz s'inscrit dans l'histoire de toutes les exactions qui terrorisent des personnes en raison de leur religion, de leur couleur de peau ou de leur sexualité, en leur démontrant qu'elles ne sont pas en sécurité. Que leurs corps sont vulnérables. À tout moment.

En revoyant la vidéo, ces spectateurs m'étonnent encore davantage que les hurlements de la foule devant le bus : que font-ils ? Personne n'intervient ; pourquoi ? Personne ne s'adresse aux hommes qui scandent des slogans pour essayer de les calmer ; pourquoi ? Pourquoi les spectateurs délèguent-ils le fait d'agir à la police ? Ce sont des voisins, des connaissances, des gens de Clausnitz, ils se connaissent par l'école, le travail, les rencontres. Certains viennent peut-être d'ailleurs, mais beaucoup se connaissent. Pourquoi personne ne s'avance-t-il pour dire : « Allez viens, je crois que ça suffit, là » ? Pourquoi personne n'essaie-t-il de dire : « On s'en va » ? Peut-être que personne n'en a le courage. Peut-être l'atmosphère est-elle trop tendue. Peut-être la foule est-elle trop furieuse, peut-être est-il trop dangereux de critiquer ou simplement de s'adresser à quelqu'un.

Mais alors pourquoi les spectateurs restent-ils ? Pourquoi ne rentrent-ils pas chez eux ? Tous ceux qui restent grossissent la foule que les passagers du bus voient face à eux. Tous ceux qui restent servent de caisse de résonance aux haineux. Peut-être n'y ont-ils pas réfléchi. Peut-être voulaient-ils simplement regarder, comme si ce n'était pas en soi une action qui produit un effet sur autrui. Peut-être n'ont-ils ressenti le malaise que plus tard, lorsque tout fut terminé. Ceci devrait leur donner à penser rétrospectivement : chacun et chacune de ceux qui regardent pourrait partir et signifier ainsi : « Pas en mon nom. » Chacun et chacune pourrait montrer : ceci n'est pas mon peuple ou ceci n'est pas mon langage, ce n'est pas mon attitude, ce n'est pas ainsi que je me comporte. Cela n'exige pas beaucoup de courage – juste un peu de décence.

Troisièmement : « La haine se décharge sur des victimes sans défense », écrivaient Max Horkheimer et Theodor W. Adorno dans la *Dialectique de la Raison*[1]. La police est le troisième acteur de la vidéo. De prime abord, sa présence est rassurante. Personne ne sait ce qui se serait produit en son absence. Peut-être la haine serait-elle allée jusqu'à la violence physique contre les réfugiés. Dans cette mesure, il est heureux que des forces de l'ordre aient été présentes pour empêcher d'éventuels passages à l'acte violents. Néanmoins, les fonctionnaires engagés semblent avoir du mal à pacifier la situation. Pourquoi ? On ne peut formuler que des hypothèses. Il n'existe pas de vues prises depuis le bus, de sorte que l'on n'entend pas si les policiers ont essayé de s'occuper des réfugiés. Mais même après coup, on n'a guère mentionné de démarches en ce sens. Ce que les images montrent en tout cas, c'est que les policiers se sont longtemps contentés d'observer la foule qui hurlait, ou du moins n'ont pas été en mesure de la calmer. Il n'y a aucun message par mégaphone, comme lors d'autres blocages. Aucune annonce signalant qu'en cas d'infractions,

---

1. Max Horkheimer et Theodor W. Adorno, *Dialectique de la Raison*, trad. É. Kaufholz, Paris, Gallimard, « Tel », 1974, p. 180.

les identités seraient relevées et les lieux évacués. On ne voit rien de tout cela ici. Les policiers semblent surtout s'être adressés aux passagers du bus, comme s'il s'agissait de rappeler à l'ordre les réfugiés, et pas les provocateurs et leur public devant le bus. Sur certaines images, on distingue parfaitement comment les badauds cernent le bus sans être maintenus à distance par la police. Cette intervention policière, qui semble osciller bizarrement entre l'apathie et l'impuissance, signifie aux bloqueurs, dans son éloquente ambivalence, qu'ils peuvent *continuer.*

Certes, à la décharge de la police, il faut admettre que ce type de situation comporte un problème objectif : aussi longtemps que la foule continue à hurler devant le bus, les réfugiés apeurés n'oseront pas en descendre. Mais au lieu de commencer par repousser les manifestants pour inciter ensuite les réfugiés, calmement, à descendre ensemble du bus, les agents ne se sont montrés déterminés et inflexibles que lorsque les réfugiés dans le bus ont commencé à réagir. Ce ne sont donc pas ceux qui empêchaient l'arrivée du bus devant le foyer de réfugiés qui ont été rappelés à l'ordre. Lorsqu'un des jeunes dans le bus fait un doigt d'honneur au « peuple » devant le bus, il se fait extirper *manu militari* par un policier, comme s'il était un criminel, et pas un enfant qui se fait insulter et menacer depuis plus de deux heures. Peut-être y avait-il parmi eux des policiers qui auraient aimé régler la situation différemment : plus rapidement, et avec davantage d'empathie pour les réfugiés. Manifestement, ils n'ont pas réussi à s'imposer.

*

Rien dans ces images du blocage d'un bus et des vociférations qui l'accompagnent n'indique qu'il y ait eu des
manquements concrets de la part des réfugiés. Rien dans
ces images ou dans les récits qui les ont suivies n'indique
que des événements antérieurs aient pu rendre les réfugiés
du bus indésirables ; rien dans ces images ne fait la moindre
référence aux individus dans le bus. Dans cette situation, la
haine produit sa propre énergie précisément parce qu'elle
ignore ou dépasse la réalité concrète. Point n'est besoin
d'une cause ou d'un motif réel. La projection suffit. La
haine porte sur ces réfugiés, elle les prend comme objets,
mais eux-mêmes n'en sont pas la cause. De même que
Titania aime Bottom non parce qu'il est tel qu'il est, mais
parce qu'elle est égarée par les effets du philtre magique,
de même les bloqueurs de Clausnitz ne haïssent pas les
réfugiés parce qu'ils sont tels qu'ils sont. Tout comme la
reconnaissance et le respect présupposent la connaissance
de l'autre, le mépris et la haine présupposent souvent la
méconnaissance de l'autre. Pour la haine aussi, cause et
objet de l'émotion ne coïncident pas nécessairement. Titania pouvait alléguer les raisons de son amour pour Bottom ;
les haineux de Clausnitz peuvent énumérer les raisons de
leur haine des réfugiés – et pourtant ces raisons ne sont
pas la cause de leur haine. Simplement ils leur assignent,
comme à tous les autres réfugiés, certaines caractéristiques
qu'ils jugent « haïssables », « dangereuses », « méprisables ».

Mais comment cette haine est-elle née ? D'où pro-
viennent ces regards, ces grilles de perception, à travers
lesquels les réfugiés sont perçus comme « haïssables » ?

La haine ne naît pas de rien. Pas à Clausnitz, Freital ou Waldaschaff. Pas à Toulouse, Paris ou Orlando. Pas à Ferguson, Staten Island ou Waller County. *La haine apparaît toujours dans un contexte spécifique.* Quelqu'un doit *produire*, dans un cadre historique et culturel donné, les motifs dont se prévaut la haine, lesquels sont censés expliquer pourquoi un groupe particulier devrait la « mériter ». Ces causes doivent être énoncées, rapportées, illustrées, encore et encore, jusqu'à ce qu'elles se sédimentent en dispositions. Pour rester dans la métaphore shakespearienne : quelqu'un a dû confectionner la boisson qui provoque l'affect. La haine féroce et brûlante est le résultat de pratiques et de convictions froidement et longuement préparées, ou transmises sur des générations. « Les dispositions collectives aussi bien à la haine qu'au mépris [...] ne peuvent se passer des idéologies qui leur correspondent, et selon lesquelles un préjudice social, un danger ou une menace émaneraient de celui qui est socialement méprisé ou haï[1]. »

L'idéologie qui conduit à la haine à Clausnitz n'est pas produite à Clausnitz seulement. Elle n'est pas non plus produite en Saxe seulement. Elle est produite dans certains contextes sur Internet, dans des forums de discussion, des publications, des débats télévisés, des paroles de chansons, dans lesquels les réfugiés, par principe, ne sont jamais présentés comme des êtres humains égaux et dotés d'une dignité propre. Pour analyser la haine et la violence, il faut

---

1. Christoph Demmerling et Hilge Landweer, *Philosophie der Gefühle*, Stuttgart, J. B. Metzler, 2007, p. 296.

observer ces discours dans lesquels sont façonnés les motifs et les modèles qui préparent et justifient l'une et l'autre[1]. La page Facebook « Döbeln se défend », sur laquelle la vidéo est apparue pour la première fois, se prête déjà à une telle analyse.

Bien que son forum ne connaisse pas une très large audience, on y décèle d'emblée la trame de tous les ressentiments et de toutes les diffamations qui rendent les passagers du bus invisibles comme *êtres humains*, mais visibles comme *monstruosité*. Ce n'est là qu'un exemple parmi d'autres de cette idéologie qui se retrouve aussi sur de nombreux sites d'extrême droite, de groupes ou de personnes proches de Pegida, et qui pourrait être analysée à travers d'autres occurrences.

La première chose qui frappe, c'est la *réduction* volontaire de la place de la réalité. On ne trouve ici aucune référence, aucune information, aucun récit concernant des migrants ou des migrantes qui pourraient se distinguer par leur humour, leurs talents musicaux, leurs capacités techniques, leurs qualités intellectuelles, artistiques ou émotionnelles. D'ailleurs, on ne signale pas davantage les maladresses, faiblesses ou petitesses de certains migrants ou migrantes. En réalité, il n'y a absolument pas d'individus. Il n'y a que des représentants. Chaque musulman, chaque musulmane (étant entendu qu'il s'agit surtout d'hommes

---

1. C'est aussi le sens de la mise en garde remarquablement lucide de Münch, directeur du BKA (Office fédéral de police criminelle) en juin 2016 dans l'article intitulé « La parole précède les actes » : http://www.faz.net/aktuell/politik/inland/bka-chef-muench-im-interview-die-sprachekommt-vor-der-tat-14268890.html.

musulmans) est ici le représentant de tous. Le choix de tel ou tel musulman ou migrant instrumentalisé à cette fin est arbitraire. Pourvu qu'on puisse les utiliser comme cas d'espèces permettant de prouver la prétendue vilenie de l'ensemble du groupe.

Chez les haineux, on se croirait dans l'émission télévisée « Dossier XY, non élucidé[1] » – mais sans le « non élucidé ». C'est toujours l'islam, toujours l'immigration de musulmans, toujours le potentiel criminel supposé habiter chacun et chacune des réfugiés qui sont visés. Voici de quoi l'on veut nous convaincre : nous vivons dans une société en état d'urgence permanent, dans laquelle il n'y a pas de place pour le bonheur privé, pour tous les événements curieux, absurdes, touchants, peut-être aussi irritants et stressants qu'implique le fait de coexister avec d'autres. Dans ce monde-là, la normalité n'existe pas, tout simplement. Il n'y a que des exceptions scandaleuses, qui sont affirmées comme normes. Ce monde-là est purifié de toute réelle diversité culturelle, sociale ou même politique. Il ne s'y produit pas de rencontres anodines, pas d'expériences réussies, pas d'événements heureux. Toute légèreté, tout plaisir y seraient déplacés.

Que produit une vision du monde ainsi formatée ? Que génère le fait de réduire, de manière répétée, des êtres humains à un certain rôle, à une certaine position,

---

1. *Aktenzeichen XY ungelöst* est une émission de télévision allemande diffusée par la chaîne ZDF depuis 1967, au cours de laquelle des affaires criminelles réelles et non-résolues doivent être élucidées grâce au concours et aux témoignages des téléspectateurs. [N.d.T.]

à certaines caractéristiques ? Au début, cela ne suscite même pas de la haine. Le rétrécissement de la vision mutile surtout l'imaginaire. L'effet pernicieux de ces forums et de ces publications, dans lesquels les réfugiés apparaissent toujours et exclusivement comme groupe et jamais comme individus dans lesquels les musulmans sont toujours décrits comme des terroristes ou des « barbares » incultes, c'est qu'ils empêchent quasiment de se *représenter* les migrants et les migrantes sous d'autres aspects. Ils rétrécissent le champ de l'imaginaire et, par là même, l'empathie. Ils réduisent les possibilités infinies d'être musulman ou immigré à *une* seule forme. Ce faisant ils agrègent des individus en collectifs, et les collectifs sont toujours associés aux mêmes attributs. Les chaînes d'association constantes, toujours identiques, se graveront en celui qui ne s'informe que par ces médias, qui n'y rencontre que cette vision filtrée du monde et des gens. Progressivement, il lui devient presque impossible de concevoir autrement les musulmans ou les migrants. L'imaginaire est amputé. Il ne reste plus que des raccourcis de la pensée, laquelle n'opère plus qu'avec des attributs ou des jugements préformés.

Imaginons un instant ce rétrécissement de la réalité sous une autre forme : comme une page Facebook, un journal ou une émission télévisée où les chrétiens seraient mentionnés *exclusivement* lorsqu'ils auraient commis un délit, et où chaque crime commis par un chrétien serait présenté dans un rapport *causal* avec sa religion. Il n'y serait jamais fait mention d'amoureux chrétiens, d'avocates fiscalistes chrétiennes, de paysans catholiques ou de garagistes protestants, ni de musique chorale sacrée ou de festivals de théâtre avec des actrices et des acteurs chrétiens. Il n'y serait question, exclusivement, que du Ku-Klux-Klan, des attentats d'opposants à l'avortement, et de crimes allant de la violence domestique jusqu'aux attaques à main armée, enlèvements et assassinats, en passant par les crimes pédophiles. Comment ce schéma modifierait-il la perception ?

« La capacité de l'être humain à infliger des blessures aux autres n'est aussi grande, écrivait Elaine Scarry, que parce que notre faculté à nous en former une image adéquate est très petite[1]. » Avec un imaginaire ainsi réduit disparaît aussi la possibilité de l'identification à un Autre concret. Celui qui ne peut plus se *représenter* à quel point chaque musulmane, chaque migrant, chaque personne transgenre ou de couleur est un être singulier, qui ne peut plus se représenter combien ils se ressemblent dans leur quête fondamentale du bonheur et de la dignité, celui-là ne reconnaîtra pas non plus leur vulnérabilité d'êtres humains : il ne verra que l'image préfabriquée. Et cette image, ce récit, fournit des « raisons » qui rendent légitime le fait de violenter des musulmans (ou des juifs, des féministes, des intellectuels ou des Roms).

La lecture de ces forums est désespérante, parce que tout cela a déjà existé. Ce n'est pas nouveau. Ces schémas ne sont pas originaux, ils ont des précédents his-

---

1. Elaine Scarry, « Das schwierige Bild der Anderen », article cité, p. 238.

toriques. Ce sont toujours les mêmes *topoï*, les mêmes images, les mêmes stéréotypes qui sont ici cités et répétés comme s'ils étaient inédits. Comme si personne ne se souvenait dans quel contexte ils sont nés et ont servi le crime. Comme si tout cela ne s'était pas déjà produit : la haine de l'étranger, l'exclusion de toute différence, les vociférations dans les rues, les graffitis qui diffament et terrorisent, l'invention de l'entre-soi comme nation, comme peuple – et la fabrication de toutes pièces de ces Autres qui doivent en être exclus : les « déviants », les « asociaux ».

L'idée selon laquelle des « hommes étrangers » importuneraient « nos femmes » et « nos filles » a elle aussi déjà existé ; c'est un des leitmotivs de la propagande nazie. Les textes antisémites et les caricatures mettaient régulièrement en garde contre les juifs, supposés assaillir les « femmes allemandes[1] ». Quant aux images stigmatisant les hommes noirs – censés constituer un danger sexuel pour les femmes blanches –, la « flétrissure noire », comme on l'appelait, elles circulent à nouveau, avec une esthétique quasi identique. Une nouvelle fois aujourd'hui, ce sont les

1. L'exposition « Angezettelt », organisée par le Zentrum für Antisemitismusforschung et le Deutsches Historisches Museum, retrace l'histoire de ces images, des vieux motifs et préjugés jusqu'au langage graphique des autocollants antisémites et racistes actuels. La campagne raciste « Schwarze Schmach », par laquelle, dans les années 1920, on mettait en garde contre la prétendue bestialité des Noirs, qui comprenait ces timbres-poste figurant d'immenses créatures sombres se jetant sur des corps de femmes sans défense, toute cette insinuation raciste quant au danger sexuel que représentent les inconnus (aujourd'hui des « étrangers » ou des « Nord-Africains »), se répète actuellement.

« étrangers », les Noirs ou les réfugiés qui sont désignés comme danger sexuel[1].

Tout cela n'exonère pas de rapporter les délits commis par les migrants. Il faut évidemment informer de toute forme de violence sexuelle. Il est aberrant d'avoir à le préciser. En revanche, on préférera une information lente (et précise) plutôt que rapide (et parfois approximative). Et bien entendu, la réflexion sur ce genre d'actes devra aussi se pencher sur les structures sociales, économiques et idéologiques qui les conditionnent ou les favorisent. Comme pour l'élucidation de scandales de pédophilie dans diverses institutions de l'Église catholique, où il a fallu se demander quels facteurs ont peut-être facilité ou promu la violence sexuelle envers les enfants. Il a été nécessaire – et possible – de se livrer à une analyse différenciée du dogme religieux du célibat, de la stigmatisation de

---

1. Ce qui rend cette citation historique si redoutable dans son nouveau contexte, c'est qu'elle instrumentalise la vigilance vis-à-vis des violences sexuelles et la canalise dans une certaine direction. À une époque où les violences sexuelles envers les femmes et les enfants sont enfin criminalisées, où elles ne sont plus banalisées ou minimisées, les motifs illégitimes de l'assignation raciste (la crainte nourrie face aux agressions de « l'homme étranger » ou « arabe ») sont associés à la sensibilisation légitime et nécessaire contre les violences sexuelles faites aux femmes et aux enfants. C'est pour cette raison qu'entretenir la peur des pédophiles est un instrument rhétorique aussi populaire dans les milieux d'extrême droite : cela leur permet d'obtenir l'approbation de vastes pans de la société. Évidemment, chacun et chacune souhaite s'opposer aux violences sexuelles. Mais dans ces milieux-là, la mise en garde contre les agressions sexuelles sert avant tout à approfondir le ressentiment à l'égard des hommes « arabes » ou « noirs ».

l'homosexualité, des constellations particulières de pouvoir et de confiance entre les religieux et les enfants, de la conspiration du silence – mais aussi des biographies individuelles des coupables. Ce débat a pu être mené sans qu'il ait produit une herméneutique du soupçon envers les fidèles catholiques, ni en tant qu'individus, ni en tant que communauté. Personne n'a exigé des catholiques qu'ils se distancient publiquement des faits.

La situation devient problématique lorsque les violences sexuelles sont évoquées si l'acte peut être relié à un certain profil de coupables, et que l'on évoque à peine les cas ayant d'autres auteurs. Car de cette manière, la représentation de migrants ou de Noirs est irrésistiblement associée à celle de « violence sexuelle ». Imaginons un instant la situation inverse : si pour chaque crime rapporté on spécifiait que l'auteur est *blanc*. Tous les jours. Pour chaque braquage, chaque acte pédophile, chaque crime de sang, on préciserait « l'homme *blanc* », de Höxt[1] ou d'ailleurs. Instantanément, les cas où l'auteur des faits est noir seraient beaucoup plus rares. Bien entendu, il ne s'agit pas de suggérer que tel ou tel acte est moins digne d'être rapporté ou moins condamnable, mais simplement d'adopter une vision dépassionnée, qui permet d'établir un rapport quantifiable et adéquat entre les délits selon les profils des auteurs.

Il faut le redire : des migrants, bien sûr, commettent aussi ce genre de crimes. Pas seulement individuellement,

---

1. Allusion à la ville de Höxt en Rhénanie-du-Nord-Westphalie, où un fait divers particulièrement sordide a défrayé la chronique en 2016 : un couple – allemand – y avait séquestré, torturé et assassiné plusieurs femmes. [N.d.T.]

mais également en groupe – les terribles événements de la nuit de la Saint-Sylvestre à Cologne[1] le prouvent. Et bien évidemment, il est nécessaire et juste d'en informer en toute transparence. Pour cela, il convient d'analyser avec acuité, profondeur et de manière différenciée les profils des délinquants de Cologne et le déroulement de cette journée, et de dégager tous les facteurs déterminants qui peuvent conduire à ce type d'acte. Comme le machisme et le modèle patriarcal, la consommation excessive d'alcool a bien entendu pu jouer un rôle. Il faut par ailleurs examiner dans quels contextes et par quels discours le mépris des femmes et de leur liberté se voit nourri et cultivé. Ce sont précisément ces discours-là et ces schémas misogynes, idéologiquement déterminés, qu'il faut examiner de manière critique. Mais dans ces cas précis, malheureusement, les fantasmes racistes et sexistes s'entrecroisent, et c'est ce recouvrement du réel par le fantasme qu'il faut analyser dans les textes et les images que l'on produit. La chose est moins difficile qu'elle n'en a l'air.

1. Au moment des fêtes de la Saint-Sylvestre, dans la nuit du 31 décembre 2015 au 1er janvier 2016, des centaines de femmes ont été victimes d'agressions sexuelles sur la voie publique, à Cologne et dans d'autres villes allemandes. Une fois les faits révélés par la police et relayés par les médias allemands, il est apparu que les auteurs étaient essentiellement issus des milieux de l'immigration, notamment nord-africaine. Ces événements ont induit un changement radical dans la *Willkommenskultur*, la culture d'accueil dont beaucoup d'Allemands avaient jusque-là fait preuve à l'égard des migrants arrivés en 2015 et 2016, et ils ont considérablement affecté l'acceptation par la population de la politique des frontières ouvertes menée par la chancelière Angela Merkel. [N.d.T.]

Le discours autour de la vidéo de Clausnitz évite le terme de « race ». On parle de « culture », d'« arrière-plan migratoire », de « religion ». Ce sont-là des mots-écrans qui servent à transgresser le tabou social du racisme ou de l'antisémitisme sans rien changer à l'idéologie implicite. La xénophobie à l'égard de groupes humains demeure, on continue à attribuer à des collectifs des prédicats anhistoriques et immuables. Seul le concept de « race » est absent. La structure de l'exclusion est construite avec des images et des motifs identiques – simplement avec d'autres mots. On évite les « mots qui fâchent », ceux qui rendent plus facilement identifiable ce qui est politiquement visé. Aussi est-ce l'« Occident » qu'il faut protéger, le « peuple », la « nation », sans que soit vraiment précisé ce que serait l'un ou l'autre[1].

1. Il ne s'agit pas là d'un hasard, mais du résultat d'une tactique rhétorique consciente. Un reportage du magazine Spiegel TV diffusé le 14 mai 1989 permet de comprendre ce polissage superficiel de l'idéologie raciste : il filme en effet une formation pour cadres du NPD (Parti national-démocrate d'Allemagne, d'extrême droite). L'une des activités du séminaire consiste à s'entraîner à tenir un discours sur le thème de la « problématique des étrangers ». La séance est conçue comme un jeu de rôles : un des participants prononce son discours, les autres doivent le confronter à des objections et des interpellations. À la question de savoir s'il faut aider les migrants issus de zones de conflits, l'apprenti-cadre du NPD répond : « Ce sont de pauvres diables. Bien sûr qu'il faut les aider. Mais on ne les aidera pas en essayant de les intégrer ici… ce n'est pas possible. Ils sont d'une autre race, qui se distingue par d'autres caractéristiques, une autre façon de vivre… » Dans l'échange qui suit, le formateur propose une correction tactique : « Ensuite tu dis aussi "races"… c'est aussi un mot que je n'emploierais jamais dans ce contexte… tu voulais dire "une autre mentalité". Sinon, à gauche ou dans la presse (*ici, un*

Le monde ainsi élaboré est dépourvu de tout aspect ludique, mais aussi de toute contingence. Chaque événement, aussi fortuit soit-il, se voit attribuer une signification et une finalité cachée. La simple erreur humaine ou l'accident n'existent pas. Derrière chaque erreur on soupçonne une intention, derrière chaque hasard une conspiration, qui visent toujours l'oppression ou l'atteinte à son propre groupe. Le thème central sur des pages Facebook comme « Döbeln se défend » et autres publications de ce genre, c'est le supposé « remplacement » de la population, l'expulsion de « son propre peuple », dirigée d'en haut par tout ce qui est désigné comme étranger : les réfugiés, les immigrés, les personnes non-chrétiennes, non-blanches. La guerre civile est un scénario aussi redouté que désiré, dont le motif traverse, comme une basse continue, toute cette sphère de pensée.

Dans ce contexte, c'est une vision apocalyptique de l'histoire qui est à l'œuvre : on dramatise tout d'abord le (vieux) récit du déclin, de l'oppression de sa propre société, pour valoriser ensuite sa mission personnelle comme particulièrement essentielle et décisive. Le monde se divise en citoyens d'une nation allemande déclinante ou mourante

---

mot inintelligible), tu entendras tout de suite : "C'est un raciste." » La critique ne s'applique pas ici à l'allégation de l'existence de « races » différentes, auxquelles on pourrait assigner collectivement des caractéristiques différentes. Elle porte uniquement sur le mot « race », parce qu'il risque d'attirer la critique sur l'orateur. Cela explique pourquoi le discours actuel est aussi lisse, sans que les contenus idéologiques aient changé. Merci à Maria Gresz et Hartmut Lerner du service de documentation de Spiegel TV, qui m'ont donné accès à ce reportage.

d'un côté, et ceux qui œuvrent activement à sa disparition de l'autre. Tous les acteurs de la société civile qui se montrent engagés et solidaires, comme il va de soi, avec les réfugiés, sont assimilés aux adversaires : on les qualifie de « bonnes âmes » ou de « claque de quai de gare »[1] (comme s'il fallait rougir de l'une ou l'autre chose)[2].

Une critique extérieure de ces pratiques ou convictions n'aura aucun impact. La frontalité d'un monde polarisé entre « le propre » et « l'étranger », entre Nous contre Eux récuse d'emblée la critique : elle est discréditée comme censure, comme répression, comme manipulation envers ceux qui mènent le seul combat vrai et juste pour leur propre pays, leur propre peuple, leur propre nation. S'établit ainsi un système de pensée clos, qui se perçoit comme

1. Dès septembre 2015, lors de la « crise des réfugiés », l'Allemagne ouvrait ses frontières à des milliers de migrants. De nombreux Allemands les ont accueillis sur les quais de gare avec de petits cadeaux, des applaudissements et des slogans de bienvenue. Ils furent ironiquement désignés par les détracteurs de cette politique d'accueil comme « *Bahnhofsklatscher* ». http://www.focus.de/politik/videos/frankfurt-muenchen-saalfeld-ueberall-versammeln-sich-menschen-um-die-ankommenden-fluechtlinge-zu-begruessen_id_4927190.html http://www.sueddeutsche.de/muenchen/ankunft-der-fluechtlinge-in-muenchen-teddybaeren-zur-begruessung-1.2629856. [N.d.T.]
2. Dans ce contexte, même la police est perçue, si ce n'est comme hostile, du moins comme manipulée. Certains appels s'adressent directement aux fonctionnaires de police pour leur signifier quelles personnes ils sont censés soutenir et protéger. « Le peuple », peut-on y lire, c'est « votre famille, vos proches, vos amis, vos voisins ». Le principe selon lequel les policiers doivent avant tout protéger l'État de droit et toutes les personnes qui vivent sur le territoire, qu'elles soient ou non leurs proches ou leurs amis, n'a manifestement aucune valeur dans cette perspective.

immunisé contre les objections ou les doutes. On ne remet pas en question ceux qui terrorisent des femmes et des enfants ou mettent le feu à des centres d'hébergement, mais ceux qui critiquent ces actes. L'information critique ne fait que confirmer la thèse des « médiamenteurs » hostiles, qui ne savent pas rendre justice au soulèvement héroïco-patriotique. Avec un tel degré de paranoïa, tout confirme la perspective du sujet – et l'agressivité peut se sublimer en légitime défense[1].

Il n'est pas facile de travailler longtemps sur ce type de pages. En tant qu'homosexuelle et écrivain, j'appartiens moi-même à deux groupes sociaux particulièrement haïs dans ce milieu. Je ne me vois pas du tout comme un groupe, mais les haineux n'en ont cure. Les gens comme moi, avec leurs inclinations et leurs multiples relations, sont de toute façon invisibles avec cette grille de lecture. Même si je ne suis jamais allée applaudir et accueillir des réfugiés dans une gare, je fais partie de ceux que l'on méprise. Pour ma façon d'aimer, et pour ma façon de penser et d'écrire. Mais au moins pour quelque chose que je *fais*. C'est presque un privilège. D'autres sont haïs ou méprisés pour leur couleur de peau ou leur corps. Je suis blanche, et je possède un passeport allemand – les

---

1. Dans ce discours monolithique, toute prétendue différenciation sert en réalité à la seule confirmation du soupçon généralisé. Prenons un exemple dans le même contexte : il s'agit de la photographie d'une coupe en verre contenant des M&M's multicolores, surmontée de cette phrase en majuscules : « Tous les réfugiés ne sont pas criminels ou mauvais. » Au-dessous, on lit en minuscules : « Imagine une coupe de M&M's dont 10 % seraient empoisonnés. En mangerais-tu une poignée ? »

deux choses sont contingentes. Et les deux me distinguent de ceux qui, encore plus démunis que moi, sont livrés à cette haine et à ce mépris parce qu'ils sont noirs, ou musulmans, ou les deux, ou parce qu'ils n'ont pas de papiers.

Mais cette haine ne touche pas seulement ceux qu'elle définit comme ses objets. Ce genre de publications ne m'atteint pas seulement à cause de leur argumentation homophobe ou anti-intellectuelle. Ce qui m'atteint, c'est leur inhumanité. Ce qui m'atteint, c'est que cette argumentation se dirige exclusivement contre un Nous universel. Peu importe *qui* est désigné comme cet Autre invisible ou monstrueux. La haine pourrait être dirigée contre les gauchers ou les fans de Bayreuth. Ce qui m'atteint fondamentalement, c'est le mécanisme de l'exclusion d'autrui et la monstrueuse agressivité qui se déploie là.

*

Cette page Facebook n'est qu'un petit cercle de discussion qui s'est construit autour de la vidéo de Clausnitz. S'y ajoutent tous les autres cercles et lieux où se forment des groupes qui protestent contre les réfugiés et intimident ceux qui souhaitent les accueillir. Là encore, on pourrait isoler cela comme un contexte extrême et marginal. Seulement voilà : autour de ces cercles gravitent tous ceux qui fournissent le matériau idéologique, fabriquent les sources narratives qui par la suite nourrissent les discours sur Internet et jusque dans le salon familial[1]. On trouve parmi les *pourvoyeurs de haine* des personnes qui jamais ne se dévoileraient avec autant d'impudence que ceux qui hurlent ou incendient dans la rue : ils donnent à leurs « préoccupations » une apparence bourgeoise. Ils se démarquent publiquement de la haine et de la violence tout en les préparant par leur rhétorique. Cette stratégie volontairement ambivalente est courante chez les politiciennes et politiciens de l'AfD, mais aussi chez tous ceux qui assimilent, comme en passant, les réfugiés avec la terreur et la criminalité, qui n'acceptent pas l'islam comme communauté de foi, qui approuvent à demi-mot la possibilité d'ouvrir le feu aux frontières[2].

Ceux qui espèrent un gain grâce à la haine et à la violence ne sont pas les derniers à les alimenter. Que les *profiteurs de la peur* calculent en termes d'audience

1. Je pense notamment à des publications comme *Sezession*, qui se donnent une allure neutre et intellectuelle et le sont peut-être, et qui pourtant fournissent tous les thèmes et la glose nécessaires pour attiser la haine envers les gens dans le bus. Voir aussi Liane Bednarz et Christoph Giesa, *Gefährliche Bürger. Die Neue Rechte greift nach der Mitte*, Munich, Carl Hanser Verlag, 2015 ; Volker Weiß, *Deutschlands neue Rechte*, Paderborn, Ferdinand Schöningh, 2011 ; Beate Küpper, Dietmar Molthagen, Ralf Melzer et Andreas Zick (dir.), *Wut, Verachtung, Abwertung. Rechtspopulismus in Deutschland*, Bonn, J. H. Dietz, 2015.
2. Frauke Petry, présidente du parti AfD, a déclaré dans une interview en janvier 2016 : « Nous avons besoin de contrôles efficaces afin qu'il n'y ait plus autant de demandeurs d'asile non enregistrés qui entrent par l'Autriche. » Au besoin, a-t-elle ajouté, « les forces de police à la frontière devraient pouvoir faire usage de leur arme à feu, c'est inscrit dans la loi ». http://www.lexpress.fr/actualite/monde/europe/un-parti-populiste-allemand-suggere-de-tirer-sur-les-refugies_1759436.html. [N.d.T.]

médiatique ou de voix d'électeurs, qu'ils produisent des best-sellers avec des titres *ad hoc* ou attirent l'attention avec des unes racoleuses, tous savent se distancier de la prétendue populace dans la rue, mais aussi l'utiliser à leur avantage.

Parmi les *pourvoyeurs de haine* et les *profiteurs de la peur* figurent aussi le réseau terroriste international qui se fait appeler « État islamique » et ses meurtres en série de Beyrouth à Bruxelles, de Tunis à Paris. Sur le terrain de la communication, l'État islamique poursuit le même objectif stratégique que les propagandistes de la nouvelle droite : une division de la société européenne selon la logique de la différence. Avec chaque attentat, l'État islamique provoque délibérément la peur des musulmans. Avec chaque massacre filmé, chaque mise en scène de l'exécution d'un otage sans défense, chaque tuerie collective, l'État islamique enfonce sciemment un coin dans nos sociétés occidentales, dans l'espoir – tout sauf irrationnel – que la peur du terrorisme puisse conduire à une méfiance généralisée envers les musulmans européens, et finalement à leur isolement[1].

La ségrégation des musulmans dans une Europe plurielle, ouverte et laïque est le but explicite de l'État islamique. L'instrument qui doit y conduire est la polarisation systématique[2]. Les idéologues de l'État islamique répugnent à

---

1. Voir l'excellente analyse de l'histoire et de la stratégie de l'État islamique par Will McCants, *The ISIS Apocalypse*, New York, Picador USA, 2015. L'auteur est également très actif sur Twitter : @will_mccants.

2. Dans un des documents centraux auxquels l'État islamique se réfère idéologiquement, *The Management of Savagery*, l'auteur, Abu Bakr Naji,

tout mélange, toute cohabitation culturelle, toute liberté religieuse moderne et éclairée. Aussi les fondamentalistes islamistes et les radicaux anti-islamiques forment-ils une étrange figure en miroir : ils se renforcent mutuellement dans leur haine, ainsi que dans leur idéologie de l'homogénéité culturelle ou religieuse. C'est pour cette raison que les forums d'extrême droite évoquent de façon récurrente les récits des terribles attentats de l'État islamique dans des villes européennes. La violence objective, la terreur réelle exercée par l'État islamique confortent la projection subjective sur tous les musulmans qui, précisément, fuient cette violence et cette terreur. Chaque attentat permet de justifier la crainte alimentée contre les musulmans, et chaque massacre de flétrir du nom d'illusion une société libérale et ouverte. Cela explique aussi la réaction de certains politiciens ou journalistes qui voient avant tout dans les attentats de Paris et Bruxelles la confirmation de leur vision du monde, et à qui cette satisfaction d'avoir eu raison semble plus importante que la compassion envers les proches des victimes.

La haine est aussi rendue possible et diffusée par tous ceux qui n'interviennent pas, tous ceux qui, certes, n'agissent pas directement, mais tolèrent, compréhensifs,

---

consacre un chapitre entier à la stratégie de polarisation. Le texte a été traduit en 2006 par Will McCants et sa lecture est très vivement recommandée à quiconque voudrait comprendre les fondements dogmatiques du terrorisme de l'État islamique. Sur la polarisation et la division de l'Occident comme but de l'État islamique, voir aussi http://understandingwar.org/sites/default/files/ISW%20ISIS%20RAMADAN%20FORE-CAST%202016.pdf.

les actes des autres. Jamais la haine ne pourrait avoir un tel impact, aussi durable, aussi persistant, jamais elle ne pourrait éclore et se répandre dans toute l'Allemagne, si n'existait cette secrète tolérance de ceux qui n'approuvent peut-être pas les moyens de la violence ou de l'intimidation, mais qui méprisent bel et bien l'objet sur lequel la haine se déverse. Ils ne haïssent pas eux-mêmes. Ils *laissent* haïr. Ils sont peut-être simplement indifférents, ou paresseux. Ils n'ont pas envie d'intervenir ou de s'engager. Ils ne veulent pas être incommodés par ces affrontements peu ragoûtants. Ils veulent préserver leur quotidien paisible, qui ne doit pas être dérangé par les nuances et la complexité du monde moderne.

En font partie ces avocats généraux qui n'enquêtent qu'avec réticence lorsqu'il s'agit d'agressions sur des réfugiés (ou de la dégradation de leurs hébergements), ou sur des homosexuels ; en font partie ces policiers qui accordent surtout foi aux témoins allemands et n'interrogent même pas les autres sur ce qu'ils ont vu ou entendu. En font partie d'une manière générale tous ces gens qui, en leur for intérieur, exècrent les juifs, les musulmans ou les Roms, mais se retiennent d'exprimer leur mépris, ou plutôt le formulent avec prudence : non comme une haine aveugle, mais comme une sourde inquiétude ; ceux qui attaquent les centres pour réfugiés ou les équipes de reportage, ceux qui pestent contre les « élites » ou contre « Washington » ne seraient que des laissés-pour-compte qu'il faut prendre au sérieux et dont les sentiments ne doivent pas être ignorés avec condescendance.

La haine de Clausnitz n'est pas simplement marginale. Il y a longtemps que cette haine est préparée et tolérée, justifiée et approuvée par le cœur même de la société. Cela ne demande pas grand-chose, simplement une petite dévaluation constante – ou la remise en question – des droits de ceux qui de toute façon en ont le moins. Cela ne demande que la méfiance constante et répétée vis-à-vis des migrantes et des migrants dans les administrations, les contrôles particulièrement zélés ou un peu plus rudes des Roms par certains policiers, les lazzis bruyants de la rue ou l'humiliation discrète dans la loi des personnes transgenres, les murmures sur un « lobby homo », ou cette sorte de critique d'Israël qui commence par « On a bien le droit de dire que… ». C'est ce puissant amalgame d'habitudes et de pratiques, de bons mots et de blagues, de petites vilenies et de grossières incivilités qui semble si anodin, qui a l'air si inoffensif, mais qui mine tous ceux qui le subissent.

Tout cela n'est pas vraiment de la haine. Ce n'est pas non plus de la violence physique. Et il en est peu, parmi ceux qui agissent ainsi, qui se sentent en communion avec ceux qui sont dans la rue et hurlent leur mépris. Mais la tolérance discrète ou l'approbation clandestine font grandir le vaste espace dans lequel des personnes qui dévient de la norme ne se sentent pas en sécurité, pas intégrées, pas acceptées. C'est ainsi que naissent des zones qui deviennent inhabitables, inaccessibles pour beaucoup. Partout où ceux qui diffèrent par la foi, les façons d'aimer ou les apparences sont rendus invisibles ou ignorés, comme s'ils n'étaient pas des êtres de chair et de sang, comme s'ils ne projetaient pas d'ombre. Partout où ceux qui ne correspondent pas à la norme sont jetés au sol, partout où personne ne les aide à se relever, où personne ne s'excuse, partout où ceux qui dévient légèrement sont transformés en une chose monstrueuse naît la *complicité avec la haine*.

*

Il existe par ailleurs une autre vidéo. Elle a été tournée plus tard, par l'une des réfugiées. On ne voit qu'une partie de l'image, au milieu ; les côtés droit et gauche sont floutés. Elle montre ce que produit la haine, elle montre ce qu'elle génère chez ceux qui en sont l'objet. Une des réfugiées du bus est assise par terre, elle porte un voile, elle pleure et crie. Elle frappe ses genoux de ses mains, encore et encore. Une jeune femme est accroupie près d'elle et essaie de la calmer. Mais il est impossible de la calmer. Elle ne peut plus contenir toute cette peur, cette angoisse qu'elle a apportée avec elle ou qui vient de s'ajouter. Ses larmes sont désespérées, incontrôlables, irrépressibles.

La caméra change d'angle et montre une pièce très simple, apparemment à l'intérieur du centre d'hébergement où les réfugiés du bus ont finalement été amenés[1]. On les voit assis, par terre ou sur des chaises près de petites tables, muets, épuisés ; ils s'appuient aux murs ou les

1. http://www.focus.de/politik/videos/brauner-mob-in-clausnitz-dra-matische-szenen-aus-clausnitz-fluechtlingsheim-frauen-und-kinder-voel-ligverstoert_id_5303116.html.

uns sur les autres, manifestement choqués de ce que leur longue fuite n'ait pas suffi à les mettre hors d'atteinte de la violence, qu'ils ne soient toujours pas parvenus à un endroit où ils puissent se reposer, où ils n'aient plus besoin d'être sur leurs gardes, où ils aient enfin le droit de vivre sans crainte. Ils ne le disent pas sur ces images – seule cette femme exprime leur désespoir par ses pleurs.

Nous ne savons pas précisément ce qui est arrivé à cette femme ou aux autres passagers du bus dans leurs pays d'origine. Nous ne pouvons que soupçonner ce qu'ils ont vécu : la guerre et l'exil, au Liban, en Iran, en Afghanistan ou en Syrie. Nous n'apprenons rien, dans cette vidéo, sur ce qu'ils ont fui, sur ceux qu'ils ont dû laisser derrière eux, sur les scènes d'horreur qui se rejouent la nuit dans leurs têtes. Mais tous ceux qui ont vu cette vidéo et qui sont capables de percevoir autre chose que leur propre projection monstrueuse savent combien ce qu'ils ont vécu ici est indigne.

Il faut aussi raconter l'autre histoire de Clausnitz, celle des gens différents de ceux qui affirment être le peuple. Ils n'appartiennent pas à ce Nous qui s'unit dans la haine et les vociférations – raison pour laquelle on leur a accordé moins d'attention. Aucun grand forum ne s'est formé autour d'eux, ils n'ont été entourés d'aucun public approbateur. Mais eux aussi font partie de Clausnitz. Si l'on veut entendre leur histoire, il faut aller les chercher. Parce qu'ils sont plus discrets que les haineux. Daniela (qui ne veut citer que son prénom) fait partie de ces gens-là. Elle est presque étonnée que quelqu'un s'intéresse à son point de vue. Après un échange de mails, elle a donné son accord pour un long entretien téléphonique, lors duquel elle décrit la manière dont elle a vécu la soirée à Clausnitz.

La veille, quelques membres du réseau local « Asyl » avaient réfléchi à la meilleure manière d'accueillir les nouveaux arrivants. Ils s'étaient demandé, raconte Daniela, ce qu'ils pourraient dire, comment ils pourraient accueillir les réfugiés. Comme cadeau de bienvenue au centre d'hébergement de Clausnitz, ils avaient apporté des fruits et des phrases qu'ils avaient préparées. Avec les autres bénévoles, Daniela observait les événements depuis l'intérieur du centre où les réfugiés seraient hébergés. Ils y étaient en sécurité. Daniela et ses collègues, eux aussi, avaient déjà été l'objet d'agressions verbales. Elle raconte qu'une des femmes membre du réseau s'était vu annoncer ce jour-là qu'on mettrait le feu à sa maison.

Daniela voit de plus en plus de gens se rassembler dans la rue pour protester. Elle ne les rejoint pas, bien qu'elle les connaisse. Elle reste à distance. Ce sont des voisins de Clausnitz. Il y a parmi eux des pères de famille. Certains ont amené leurs enfants, comme si l'intimidation de réfugiés était quelque chose que les enfants devaient expérimenter le plus tôt possible. Daniela reste aussi dans le centre d'accueil lorsqu'un tracteur apparaît et que la rue est bloquée environ 50 mètres avant le centre. « On a eu un mauvais pressentiment. On était désemparés. Ce qui était sûr, c'est qu'il se préparait quelque chose. » Lorsque le bus arrive, que la situation empire, que de plus en plus de gens se dressent devant les réfugiés et hurlent leur haine, Daniela ne voit pas de « spécialistes en vol et larcins », pas d'« envahisseurs » qui veulent importuner

« nos femmes ». Elle voit des êtres humains menacés. « Je voyais la peur sur leur visage. J'avais tellement de peine pour ces réfugiés. »

Dès le mois de janvier précédent, un débat organisé dans le gymnase de Clausnitz avait porté sur l'hébergement prévu des réfugiés. À cette occasion, certains habitants avaient exprimé la crainte que ces hommes venus de l'étranger puissent importuner les femmes et les filles de la ville. Mais qu'en serait-il, leur fut-il rétorqué, si c'étaient des femmes et des enfants qui devaient être hébergés ? Ah bien alors, ce serait autre chose. Daniela se souvient de cet échange lorsque le bus avec les femmes et les enfants arrive, et que ces nuances ont volé en éclats. La haine fait disparaître toutes les inhibitions. Il n'y a plus de différences, plus de distinctions, plus d'individus. Pour les observateurs, il était incompréhensible que la police, dans cette situation, n'ait pas évacué les bloqueurs, qu'elle ne leur ait pas interdit l'accès des lieux.

Tout ce que Daniela et les autres avaient préparé, tout ce qu'ils avaient voulu dire était devenu dérisoire face à cette situation. « La première femme dont j'ai finalement pu m'occuper n'en pouvait plus, elle ne pouvait plus marcher. Elle pleurait, elle criait. Elle s'est même évanouie. Nous avons dû la porter dans sa chambre. » Daniela est restée près d'elle. Pendant des heures. Elle lui a parlé, même sans langue commune. Elle n'est rentrée chez elle que peu avant minuit. Elle a laissé les fruits. Qu'étaient devenus les haineux devant le bus ? Aussitôt que les réfugiés étaient entrés dans le bâtiment, dit Daniela, le silence s'était fait. Le silence total.

Clausnitz n'est qu'un exemple de la haine et des schémas de pensée qui la préparent et la forment, qui rendent les êtres monstrueux et invisibles à la fois. À Clausnitz elle est tombée sur un bus de réfugiés. Dans d'autres villes, d'autres régions, elle tombe sur des personnes avec une couleur de peau, une sexualité, une foi différentes, avec un corps indéterminé, elle tombe sur des femmes jeunes ou vieilles, des personnes portant une kippa ou un voile, sur des gens sans toit ou sans papiers, sur tout ce qui, à ce moment-là, est constitué comme objet de haine. Ils sont terrorisés comme à Clausnitz, ou criminalisés, pathologisés, expulsés, attaqués ou blessés.

D'une manière ou d'une autre, ils seront atteints. Mais selon qu'ils recevront – ou pas – un appui extérieur, cette atteinte sera plus ou moins grave. Selon Horkheimer et Adorno, « la haine se décharge sur des victimes sans défense ». C'est là une invitation aux institutions de l'État, à la police et aux enquêteurs, à agir contre ceux qui, avec leur haine et leur violence, occupent l'espace public et le transforment en zones de peur. Mais c'est aussi une invitation à la vigilance qui s'adresse à tous, à chaque fois que quelqu'un risque de s'enliser dans la boue de l'humiliation et du mépris, que les flots de l'offense et de la haine enflent, et qu'il suffit d'un geste, d'une objection ou d'une approbation pour que le fond qui nous sert de base commune redevienne solide.

Haine et mépris

2
Racisme institutionnel
(Staten Island)

« Je voulais tout simplement être un homme parmi d'autres hommes. J'aurais voulu arriver lisse et jeune dans un monde nôtre et ensemble édifier[1]. »

Frantz Fanon, *Peau noire, masques blancs*

Que voient-ils ? Que voient-ils autrement que moi ? La vidéo, dans la version non montée que l'on trouve sur YouTube, dure 9 minutes et 11 secondes[2]. En plein jour, l'Afro-Américain Eric Garner est debout sur un trottoir, devant une parfumerie. Il porte un t-shirt gris, un bermuda beige et des baskets. Il discute avec deux policiers en civil, Justin D. et Daniel P., qui se tiennent à côté de lui ; les deux ont une casquette de base-ball profondément enfoncée sur la tête[3]. D. montre ses papiers à Garner et lui pose

---

1. Frantz Fanon, *Peau noire, masques blancs, op. cit.*, p. 110.
2. https://www.youtube.com/watch?v=JpGxagKOkv8.
3. Les noms ont été révélés plus tard au moment de l'enquête. Je les fais figurer ici afin de documenter l'enchaînement précis des faits qui ont conduit à la mort d'Eric Garner.

une question inaudible. « *Get away ? For what*[1] *?* » Garner écarte les bras. Pas d'arme, nulle part. Il n'attaque pas les policiers. En fait, tout en parlant, il se déplace à peine. Il ne se prépare pas à fuir. Le geste d'écarter les bras est sans équivoque. Eric Garner ne comprend pas pourquoi les policiers l'importunent : « Je n'ai rien fait. » On n'entend pas très bien ce que répond D., le policier à droite de l'image, mais il reproche apparemment à Garner d'avoir vendu des *loosies*, des cigarettes à l'unité (non taxées). Eric Garner se prend la tête dans les mains. « À chaque fois que vous me voyez, vous me cherchez des ennuis. J'en ai assez. » Il ne veut pas être fouillé, parce qu'il ne comprend tout simplement pas pourquoi les agents le contrôlent et l'accusent. « Il faut que ça s'arrête, aujourd'hui. […] Tous ceux qui sont là vous diront que je n'ai rien fait »[2].

« Tous ceux qui sont là » désigne le public. En effet, des passants non impliqués dans la confrontation inter-

---

1. « Partir ? Pour quelle raison ? » [N.d.T.]

2. En anglais, les derniers mots d'Eric Garner furent : « *Get away [garbled] for what ? Every time you see me, you want to mess with me. I'm tired of it. It stops today. Why would you ? Everyone standing here will tell you I didn't do nothing. I did not sell nothing. Because everytime you see me, you want to harass me. You want to stop me [garbled] selling cigarettes. I'm minding my business, officer, I'm minding my business* […]. » [Pourquoi (*inintelligible*) partir ? À chaque fois que vous me voyez, vous me cherchez des histoires. J'en ai assez. Il faut que ça s'arrête aujourd'hui. Pourquoi ? Tous ceux qui sont là vous diront que je n'ai rien fait. Je n'ai rien vendu. Parce qu'à chaque fois que vous me voyez, vous me harcelez. Vous voulez que j'arrête (*inintelligible*) de vendre des cigarettes. Je m'occupe de mes affaires, monsieur, je m'occupe de mes affaires.] Il en existe un enregistrement : http://www.hiaw.org/garner/.

viennent. Ils ne sont pas simplement spectateurs, comme à Clausnitz : ils agissent. Peut-être parce qu'ils se *sentent concernés*. Peut-être parce qu'ils savent que la même chose pourrait arriver à chacun d'eux. Chaque jour. Pour commencer, il y a là le passant portoricain qui filme avec son portable : Ramsay Orta. On entend plusieurs fois sa voix en *off*. Il commente ce qu'il filme, parlant aussi bien à la caméra qu'aux autres passants. Dès le début on l'entend confirmer ce que dit Eric Garner : « Il n'a rien fait. » Làdessus, l'un des policiers essaie de chasser l'encombrant témoin. Mais Orta se présente comme riverain et campe sur sa position. Il continue à filmer, même si cela déplaît aux agents. Évidemment, les policiers ne veulent pas que ce qui se passe là soit filmé. D'un autre côté, cela ne les dérange pas assez pour qu'ils laissent partir Eric Garner. Peut-être se sentent-ils dans leur droit. Peut-être aussi savent-ils simplement que la plupart du temps on leur donne raison rétrospectivement. Un autre témoin intervient, c'est une femme. Dans la vidéo, on voit une femme noire s'approcher avec un carnet de notes et demander leurs noms aux agents. Mais cela non plus n'empêchera pas les policiers d'agir comme ils l'ont fait ensuite.

Pendant de longues minutes, Eric Garner discute avec l'agent D. Il explique qu'il s'est contenté de régler un conflit. Rien de plus. Il répète, encore et encore, qu'il n'a rien fait. En *off* on entend, encore et encore, la voix qui confirme la version de Garner. Au bout d'un moment, à l'arrière-plan, on voit l'agent Daniel P. qui semble appeler des renforts sur son talkie-walkie. Pourquoi ? Certes, Eric Garner est particulièrement grand et fort, mais il ne menace personne. Il ne paraît absolument pas dangereux. Et surtout : on ne sait toujours pas quelle sorte de crime il aurait commis. D'ailleurs, on ne comprend pas pourquoi il devrait être arrêté. Peut-être parce qu'il n'a pas de papiers ? Parce qu'il refuse une fouille au corps ? Que peuvent bien voir les agents ? Pourquoi ne peuvent-ils pas laisser en paix ce grand type à l'air un peu gauche ? Même si par le passé il avait pu se faire remarquer pour la vente de *loosies*, rien ne permettait de penser, en cet après-midi de juillet 2014, devant le « Bay Salon » à Tompkinsville, Staten Island, qu'il ait voulu vendre des cigarettes non taxées. Pas de sachet, pas de sac à dos dans lequel il aurait pu stocker la marchandise. Que peuvent-ils bien voir ?

Il n'y a sur ces images aucun signe de colère, aucune agression. Rien ne fait craindre une escalade vers la violence. Ce qui se dégage de Garner, c'est plutôt du désespoir que de la colère. Les deux agents, très athlétiques, n'ont pas l'air particulièrement inquiets non plus. Ils sont probablement entraînés à gérer ce type de situation. Ils sont deux et peuvent faire venir des renforts à tout moment. L'homme en bermuda ne les menace pas. Après plus de 4 minutes de discussion, l'agent Justin D. détache les menottes de sa ceinture. Lui et P. s'approchent simultanément, par l'avant et par l'arrière, Garner crie : « S'il vous plaît, ne me touchez pas ! » et se détourne lorsque P. veut le saisir par-derrière. Il ne veut pas être arrêté[1]. Peut-être ce geste est-il interprété comme un acte de rébellion. Mais

---

1. Auparavant, Eric Garner avait été arrêté à plusieurs reprises pour vente illégale de cigarettes et détention de marijuana.

Garner ne frappe aucun des policiers. Il ne les agresse pas. Il lève les deux mains lorsque l'agent dans son dos l'immobilise avec une prise d'étranglement. Deux autres policiers interviennent ; à quatre, ils poussent Garner et le font tomber au sol, où il se retrouve d'abord à quatre pattes. Par-derrière, P. maintient sa prise. Il est couché sur Garner et enserre son cou avec une prise d'étranglement. Que voient-ils donc ?

Dans un classique de la théorie postcoloniale, *Peau noire, masques blancs*, Frantz Fanon, psychiatre, philosophe et écrivain français décrit en 1952 le regard blanc sur le corps noir : « Le N. est un animal, le N. est mauvais, le N. est méchant, le N. est laid ; regarde, un N., il fait froid, le N. tremble, le N. tremble parce qu'il a froid, le petit garçon tremble parce qu'il a peur du N., le N. tremble de froid, de ce froid qui déforme les os, le mignon petit garçon tremble, parce qu'il croit que le N. tremble de fureur, le petit garçon blanc se jette dans les bras de sa maman : Maman, le N. veut me manger[1]. » Lorsqu'un corps noir tremble, écrit Fanon, un petit garçon blanc à qui l'on a appris à avoir peur du corps noir ne peut pas y voir un signe de froid, il ne peut y voir qu'un symptôme de colère. Un garçon blanc, écrit Fanon, grandit avec des schémas mentaux qui associent le corps noir à l'animal,

---

1. Dans le texte original (tout comme dans la traduction allemande) le mot en n- figure en toutes lettres. Je renonce délibérément à le faire figurer ici, parce que, comme auteure blanche citant un écrivain noir, j'emploie ce terme dans un autre contexte, et que je suis consciente des décalages et des offenses que cela pourrait provoquer. Frantz Fanon, *Peau noire, masques blancs, op. cit.*, p. 111.

avec quelque chose d'imprévisible, de sauvage, de dangereux, il voit un corps noir et pense aussitôt aux attributs « mauvais », « méchant », « laid », il pense aussitôt : « Il veut me dévorer. »

La perception, dans le champ du visible, n'est pas neutre ; elle est structurée par des grilles de lecture dans lesquelles n'est noté et enregistré que ce qui leur correspond. Dans une société où le tremblement d'un corps noir continue à être interprété comme l'expression de la colère, où on continue à formater le regard des enfants (et des adultes) pour voir les Noirs comme des êtres à éviter ou à craindre, Eric Garner (ou Michaël Brown, ou Sandra Bland, ou Tamir Rice, ou toutes les autres victimes de la violence policière blanche) sont vus comme des menaces, même lorsqu'il n'émane d'eux aucun danger. Voilà pourquoi, après des générations de conditionnement, il n'est même plus besoin d'une peur réelle pour brutaliser le corps noir. Il y a longtemps que la peur a évolué et qu'elle s'est inscrite dans la conscience de l'institution policière. La grille de lecture raciste pour laquelle chaque corps noir est une source de crainte s'est traduite dans l'attitude de policiers blancs qui considèrent précisément qu'il est de leur devoir de protéger la société de ce danger imaginaire. Nul besoin de haine ou de peur intense pour enfreindre les droits des Noirs. Le corps noir est encore vu comme une menace lors même qu'il est déjà sans défense et mourant[1].

---

1. Voir les textes de Judith Butler, « Endangered/Endangering : Schematic Racism and White Paranoia » ainsi que Robert Gooding-Williams, « Look, an... », *in* Robert Gooding-Williams (dir.), *Reading Rodney*

Avec plusieurs policiers sur lui, Garner est étendu au sol, sur le côté, le bras gauche tordu sur le dos, le bras droit allongé sur le trottoir. L'agent se cramponne toujours à sa nuque. Tous ensemble, ils font rouler Garner sur le ventre. Que voient-ils donc ? « Je ne peux plus respirer » ; 4 minutes et 51 secondes se sont écoulées lorsque l'on entend ces mots d'Eric Garner pour la première fois, « *I can't breathe* », une deuxième fois, 3 secondes plus tard : sur les images, on voit cinq agents qui sont en train de maltraiter ce corps noir. Ils ne le lâchent pas. Même s'ils doivent tous entendre le cri désespéré de Garner. L'agent qui a fait tomber Garner avec sa prise d'étranglement est maintenant à genoux et presse de ses deux mains la tête de Garner sur le trottoir. « Je ne peux plus respirer » (4'56) toutes les deux secondes ce cri sort de Garner (4'58), « *I can't breathe* », « *I can't breathe* », « *I can't breathe* », « *I can't breathe* » ; Eric Garner, atteint d'asthme, dit onze fois qu'il ne peut plus respirer. Puis c'est le silence.

Un agent se place devant la caméra et masque la scène. La voix *off* dit : « Une fois de plus, les policiers s'en sont pris à la mauvaise personne. » Lorsque la vue est à nouveau dégagée, Eric Garner est toujours allongé au sol, et plusieurs policiers sont toujours assis sur et autour du corps inerte. La voix *off* dit : « Tout ce qu'il a fait, c'est régler un conflit, et voilà ce qui arrive. » Une minute plus tard, Eric Garner est toujours allongé. Pour dire les choses clairement : il y a *un être humain* étendu là, par

---

King, Reading Urban Uprising, New York, Londres, Routledge, 1993, p. 15-23 et p. 157-178.

terre. Inconscient. Mais personne n'a l'idée d'enlever ses menottes à cet être sans défense. Personne n'essaie de le réanimer. Les policiers qui l'entourent ne font que soulever le corps, puis le reposent. Comme une chose. Ils ne s'inquiètent pas de cet être humain, parce que visiblement ce n'est pas un être humain pour eux. Ils n'ont l'air ni agités ni désespérés par ce qu'ils ont fait. Comme si l'état dans lequel leur violence a mis le corps d'Eric Garner était le meilleur état possible pour un corps noir.

« Il est si facile d'ignorer la douleur de l'autre », écrit Elaine Scarry dans « La difficile représentation de l'Autre », « que nous sommes même capables de lui infliger cette douleur ou de l'aggraver sans que cela nous touche »[1].

La seule chose qui permette de supporter cette vidéo est la voix du témoin. Il ne peut rien changer à l'atroce déroulement des faits, mais il ne détourne pas le regard, il observe. C'est une contre-présence publique, une *autre manière de voir*, qui situe et interprète autrement ce qui se déroule. Ses commentaires donnent aux événements une perspective critique. Il décrit ce qu'*il* voit : un homme sans défense, attaqué sans raison par la police. « *They didn't run and get the n... that was fightin', they get the n... that broke it up*[2]. » À plusieurs reprises, Ramsey Orta, le témoin qui filme la scène, est sommé de partir ; il finit par se déplacer et filme de face le « Beauty-Salon » devant

---

1. Elaine Scarry, « Das schwierige Bild der Anderen », article cité, p. 230.
2. « Ils n'ont pas poursuivi le n... qui se battait, ils ont arrêté le n... qui s'est interposé. » [N.d.T.]

lequel Eric Garner est allongé. La vidéo est brièvement interrompue. Impossible de dire combien de temps s'est écoulé. Le film indique 8 minutes lorsqu'une policière s'approche d'Eric Garner inconscient et semble lui prendre le pouls. Deux autres minutes plus tard, pendant lesquelles personne n'entreprend de massage cardiaque ou quelque autre geste de réanimation, on voit soudain arriver dans le cadre le policier qui a jeté Eric Garner au sol avec sa prise d'étranglement : Daniel P. Il fait des allers-retours, apparemment sans but. Le témoin qui filme s'adresse à lui : « *Don't lie, man… I was here watching the whole shit*[1]. » Le policier va vers lui et fait un geste comme pour dire que de toute façon, ce que ce type a vu n'a aucune importance, comme si seul comptait le regard d'un policier blanc. Il dit : « *Yeah, you know everything*[2]. » Ce « *you* » porte en lui toute la condescendance du pouvoir qui est sûr que ce « *you* » n'aura jamais la même valeur ; dans ce « *you* » résonne la certitude que ce que ce témoin a vu n'aura aucune importance, parce qu'on écoutera toujours un policier plutôt qu'un témoin civil portoricain.

Il existe une deuxième vidéo, sous un autre angle. Elle a manifestement été tournée depuis l'institut de beauté, par la porte ouverte. Elle commence beaucoup plus tard. Eric Garner gît déjà inanimé au sol. Autour de lui, des policiers de la patrouille appelée en renfort, qui tantôt tapotent le grand corps, tantôt le tournent, tantôt prennent brièvement son pouls à la carotide. Un des policiers fouille

---

1. « Ne mens pas, mec…. J'étais là et j'ai vu tout le bordel. » [N.d.T.]
2. « Ouais, tu sais tout, toi. » [N.d.T.]

une poche du pantalon d'Eric Garner – mais personne ne s'occupe de ranimer l'homme inconscient. En *off* on entend à présent une voix de femme : « Des NYPD qui embêtent le monde... il n'a absolument rien fait... ils refusent de faire venir une ambulance... » Les minutes passent sans que quiconque lui vienne en aide. Manifestement, personne n'a retiré ses menottes à Eric Garner. Un des policiers sort un téléphone portable d'une poche du pantalon de Garner et le tend à un collègue. Au bout de 4 minutes, on voit une de leurs collègues se pencher sur Garner et l'observer. Elle prend son pouls, debout, lui adresse la parole, rien de plus. Il faudra encore plusieurs minutes pour qu'un véhicule de secours arrive. Eric Garner est allongé sur le brancard – la caméra filme depuis le côté et cadre le policier Daniel P. S'apercevant qu'il est filmé, il salue en direction de la caméra.

Eric Garner est mort d'un arrêt cardiaque pendant son transport à l'hôpital. Il avait 43 ans. Il laissait une femme, six enfants et trois petits-enfants. Par la suite, le médecin légiste diagnostiquera que les causes de la mort avaient été : « prise d'étranglement », « compression de la cage thoracique », « compression de la nuque » – et conclura à un « homicide »[1].

« Peur ! Peur ! Voilà qu'on se mettait à me craindre, écrit Frantz Fanon, je voulus m'amuser jusqu'à m'étouffer, mais cela m'était devenu impossible[2]. »

---

1. Selon le médecin légiste, son asthme, une faiblesse cardiaque et son surpoids ont été des facteurs aggravants lors du décès d'Eric Garner.
2. Frantz Fanon, *Peau noire, masques blancs, op. cit.*, p. 109.

La prise d'étranglement qui tua Eric Garner n'était pas un geste réflexe, même si elle semble l'être dans cette scène. La prise d'étranglement a une longue tradition. Dans la seule ville de Los Angeles, seize personnes y succombèrent entre 1975 et 1983. À New York, vingt ans avant Eric Garner, un homme de 29 ans originaire du Bronx, Anthony Baez, également asthmatique, mourut de la prise d'étranglement d'un policier[1]. Dans ce cas-là, le déclencheur n'avait pas été la vente supposée de cigarettes, mais un ballon de football qui avait frappé par hasard (ce qui fut confirmé par la police) une voiture de patrouille en stationnement. La prise d'étranglement qui a tué Eric Garner est illégale depuis longtemps : le New York Police Department a interdit cette technique de combat dès 1993. Pourtant, le grand jury appelé à examiner les circonstances de la mort d'Eric Garner et à se prononcer sur le comportement de l'officier Daniel P. décida, après deux mois de délibérations, qu'une mise en accusation n'était pas recevable.

« Les destructeurs ne sont pas particulièrement méchants, ce sont simplement des gens qui mettent en œuvre les états d'âme de notre pays, qui interprètent correctement son héritage et son patrimoine, jusqu'à aujourd'hui », écrit Ta-Nehisi Coates dans *Entre moi et le monde*[2]. Cela ne nécessite même pas de méchanceté. Ni une haine aiguë,

1. http://www.nytimes.com/1994/12/30/nyregion/clash-over-a-footballends-with-a-death-in-police-custody.html.
2. Ta-Nehisi Coates, *Zwischen mir und der Welt*, Munich, Hanser, 2016, p. 17.

intense. Cela ne nécessite, selon Coates, que l'assurance d'un héritage dans lequel les Noirs ont toujours été impunément rabaissés, méprisés ou brutalisés. Il suffit que soit transmise la représentation d'une peur qui associe les corps noirs au danger pour faire passer toute violence à leur égard comme d'emblée justifiée. Avec ce regard formaté, tous les indices concrets montrant qu'Eric Garner, Sandra Bland ou les fidèles de l'*Emmanuel AME Church* à Charleston sont objectivement sans défense ou innocents disparaissent. Dans le cadre de cet héritage, la paranoïa des blancs semble légitimée depuis toujours.

La prise d'étranglement qui a tué Eric Garner était certes le fait d'un individu, et seul Daniel P. l'a employée dans cette situation, mais elle s'inscrit dans l'histoire des violences policières blanches contre les Afro-Américains sur laquelle le mouvement *#blacklivesmatter* a récemment attiré l'attention. La peur de la violence des blancs fait partie de l'expérience collective des Afro-Américains et -Américaines et de l'héritage de l'esclavage. On aboutit à ce paradoxe désolant : la peur raciste du corps noir est socialement reconnue et reproduite, alors que la peur justifiée des Noirs ainsi stigmatisés face à la violence policière blanche demeure dans l'angle mort de ce même racisme. « Il n'est pas nécessaire de croire que le policier qui a étranglé Eric Garner avait quitté sa maison ce jour-là avec l'objectif de briser un corps. Il suffit de comprendre que le policier est le bras armé de l'État américain et qu'il est porteur de l'héritage spirituel de l'Amérique, écrit Ta-Nehisi Coates, les deux aspects conjoints menant nécessairement à ce qu'il y ait, parmi les corps brisés chaque année, un nombre aberrant et disproportionné de corps noirs[1]. »

Constater la discrimination ou le racisme institutionnel ne signifie pas que l'on présuppose chez chaque policier ou policière une attitude condamnable ou raciste. Bien entendu, il y a d'innombrables policiers pour lesquels toute forme de discrimination ou de violence envers des Noirs est intolérable et impensable. Il existe évidemment des fonctionnaires totalement engagés dans la lutte contre le fardeau historique du racisme. Et il existe aussi des autorités locales particulièrement préoccupées du sort des communautés noires, soucieuses d'établir des relations de confiance et d'endiguer la violence[2]. Malheureusement les deux aspects coexistent : la multitude de policiers et de policières individuellement intègres, et un racisme qui baigne l'institution policière et l'idée qu'elle se fait d'elle-même, et qui voit dans les corps noirs un plus grand danger que dans les corps blancs. La police reflète à sa manière cette division de la société qui fait partie de l'expérience quotidienne des personnes noires aux États-Unis.

Aujourd'hui encore, les Afro-Américains et -Américaines grandissent dans cette « contradiction » fabriquée : ils sont à la fois américains et noirs. Les Noirs sont supposés appartenir à la société américaine et pourtant demeurent à sa

1. *Ibid.*, p. 105.
2. À Dallas, où cinq policiers avaient été tués par un vétéran noir d'Afghanistan, Micah Johnson, la police locale était particulièrement soucieuse d'apaisement. Voir : www.faz.net/aktuell/feuilleton/nach-den-polizistenmorden-ausgerechnet-dallas-14333684.html.

marge[1]. Les chiffres continuent à témoigner de la fracture sociale et de la discrimination des Noirs aux États-Unis. Pour ne prendre qu'un exemple : selon une statistique de l'association de défense des droits civils NAACP, sur les 2,3 millions de détenus dans les prisons américaines, un million sont des Afro-Américains. Les Afro-Américains sont condamnés six fois plus souvent à des peines de détention que les Blancs. Selon une étude de l'organisation Sentencing Project, les Afro-Américains sont condamnés en moyenne, pour un délit lié à la drogue, à une peine de détention aussi longue (58,7 mois) qu'un délinquant blanc pour un crime avec violence (61,7 mois). Entre 1980 et 2013, plus de 260 000 hommes afro-américains ont été assassinés aux États-Unis. À titre de comparaison : pendant toute la guerre du Vietnam, 58 200 soldats américains ont perdu la vie.

En tant que Blanc, on a du mal à imaginer cette expérience de mépris structurel et on peut être enclin à s'interroger : pourquoi les Noirs seraient-ils contrôlés s'ils n'ont rien à se reprocher ? Pourquoi les Noirs seraient-ils arrêtés sans raison, pourquoi seraient-ils frappés s'ils n'ont pas eux-mêmes menacé d'être violents, pourquoi devraient-ils être condamnés à des peines de prison plus longues s'ils ont commis exactement les mêmes délits que les Blancs ?

---

1. George Yancey décrit cette expérience de peur dans une interview au *New York Times* sous le titre « The Perils of Being a Black Philosopher » par les mots : « Black people were not the American "we" but the terrorized other. » [« Les Noirs n'étaient pas le "nous" américain, mais l'Autre terrorisé. »] http://opinionator.blogs.nytimes.com/2016/04/18/the-perils-of-being-a-black-philosopher/?smid=tw-nytopinion&smtyp = cur&_r = 1.

Pourquoi, peut se demander celui qui n'est pas quotidiennement confronté à l'injustice, pourquoi le monde
serait-il injuste ?

Celui qui correspond à la norme peut croire qu'elle
n'existe pas. Celui qui ressemble à la majorité peut suc-
comber à l'illusion que la conformité à la majorité qui fixe
la norme n'a aucune importance. Celui qui correspond à
la norme ne remarque pas qu'elle exclut ou dégrade les
autres. Celui qui correspond à la norme peine souvent
à imaginer ses effets, parce que son acceptation par le
groupe est considérée comme évidente. Mais les Droits
de l'homme valent pour tous, pas seulement pour ceux
qui vous ressemblent. Il convient donc d'observer avec
vigilance quelles sortes de différences, quelles formes d'al-
térité sont présentées comme méritant l'acceptation, ou le
respect et la reconnaissance. De même, il convient d'être
attentif quand ceux qui diffèrent de la norme racontent
comment ils vivent au quotidien le fait d'être exclus et
méprisés – et de commencer par entrer dans cette expérience, même si on ne l'a jamais vécue soi-même.

Lorsque vous êtes contrôlé une première fois sans raison
par la police, c'est sans doute inconfortable, mais vous
l'acceptez sans rechigner. Quand vous êtes importuné
encore et encore sans raison, que vous devez présenter
sans cesse vos papiers d'identité, que vous devez subir
de manière répétée des fouilles au corps, le désagrément
fortuit se transforme, pour vous, en vexation systématique.
Cela n'inclut pas seulement les expériences de racisme
institutionnel ou de violence policière, mais aussi les vexations mineures, plus discrètes. Barack Obama, lors d'une

conférence de presse liée au meurtre du jeune Trayvon Martin, a évoqué ces vexations quotidiennes. Obama parlait à la fois de lui-même et de l'expérience de tous les Afro-Américains et -Américaines qui, dans les supermarchés, sont observés régulièrement et par principe comme des voleurs, à qui l'on refuse systématiquement des crédits bancaires sans raison valable, qui dans la rue supportent le claquement des portières que l'on verrouille brusquement – toujours et exclusivement parce qu'ils sont perçus comme un danger, une menace, un Autre monstrueux.

Parmi ces vexations, facilement ignorées par ceux qui n'ont pas à les endurer quotidiennement, il en est une qui consiste à être confondu avec quelqu'un – mais pas avec quelqu'un qui vous ressemble réellement. Avec quelqu'un qui a simplement la même couleur de peau que vous – comme si tous les Noirs se ressemblaient. Il m'est arrivé de faire, entre des personnes qui n'étaient pas noires, une confusion similaire. Je donnais des cours dans le cadre d'un séminaire aux USA, et parmi mes étudiants se trouvaient trois jeunes filles américano-asiatiques. Elles se ressemblaient très peu entre elles. Lorsqu'elles étaient assises en face de moi, il m'était facile et tout naturel de les distinguer. Mais lorsque la première semaine une des trois étudiantes vint me voir seule lors de mon heure de permanence, je n'ai pas su de laquelle des trois il s'agissait. Je pense avoir réussi à le lui cacher, mais j'en ai eu honte. J'espère qu'il ne s'agissait que d'inexpérience. Une amie germano-japonaise de Berlin m'a rassurée par la suite en m'expliquant qu'il pouvait en être de même pour certains ou certaines Asiatiques face à des visages comme le mien.

Peut-être est-il pardonnable d'être démuni, au début, face à des noms ou des visages peu familiers. Mais il est impardonnable de ne pas y réfléchir et de ne pas s'efforcer de mieux connaître les noms et les visages – et, ce faisant, de percevoir les êtres comme des individus. Parce que ceux qui sont ainsi « confondus », pas une seule fois, mais encore et encore, vivent cette expérience comme l'effet non pas simplement de l'ignorance, mais du mépris. Comme s'ils ne comptaient pas en tant qu'individus[1].

Vivre régulièrement des humiliations de cette sorte conduit à la longue à une mélancolie que connaissent tous ceux qui sont situés, sur l'échelle normative, quelque part entre l'invisible et le monstrueux. Il faut beaucoup d'énergie pour s'expliquer, se défendre contre les insinuations, contre les ressentiments et la stigmatisation, tous les jours et toutes les semaines, au quotidien, dans la rue, dans les bars, dans les conversations avec des familiers ou des inconnus : à la longue, cela vous affecte. Devoir s'expliquer sans cesse, devoir se défendre contre les insinuations, les ressentiments et la stigmatisation, jour après jour, semaine après semaine, dans la rue, dans les bars, dans les conversations avec des proches ou des inconnus n'est pas simplement épuisant, cela vous bouleverse aussi. Être en permanence blessé par des appellations ou des lois, par des gestes ou des convictions, ce n'est pas simplement irritant : cela vous paralyse. Être sans cesse en butte à la haine conduit souvent les victimes à s'enfermer dans le

---

1. Je ne vais pas énumérer ici le nombre de femmes lesbiennes avec lesquelles j'ai déjà été confondue, alors que je ne leur ressemblais en rien.

mutisme. Celui que l'on qualifie de pervers ou dangereux, d'inférieur ou malade, celui qui doit se justifier pour sa couleur de peau ou sa sexualité, pour sa foi ou pour un simple couvre-chef, perd souvent la position d'où il est possible de parler librement et avec insouciance[1].

S'ajoute à tout cela la dimension souvent ignorée de la honte : il est désagréable d'avoir à signaler soi-même quand et comment des mots et des gestes, des pratiques et des convictions vous blessent et vous excluent. C'est en tout cas ainsi que je le ressens. Dans mon for intérieur je souhaiterais que *tous* perçoivent une injustice, même lorsqu'elle ne les concerne pas. Cela fait partie de ce que j'attends d'autrui ou, formulé avec plus de douceur, de la confiance que je place dans notre société : pouvoir présupposer que ne se défendent pas seulement les victimes de l'humiliation et du mépris, mieux encore, qu'elles ne soient pas les seules à ressentir ces offenses comme blessantes, mais que ce soit le cas pour *tous*. Dans cette perspective, il est profondément décevant d'attendre que quelqu'un d'autre intervienne – et d'observer qu'il ne se passe rien.

Voilà pourquoi il faut toujours surmonter non seulement la peur, mais aussi la honte avant de parler de soi. Chaque révolte, chaque contradiction suppose en effet de devoir mentionner l'humiliation, la blessure personnelle qui l'a précédée. Hannah Arendt écrivait : « On

---

1. Voir aussi Mari J. Matsuda, Charles R. Lawrence III, Richard Delgado et Kimberle Williams Crenshaw (dir.), *Words that Wound. Critical Race Theory, Assaultive Speech, and the First Amendment*, Boulder, Westview Press, 1993, p. 13.

ne peut se défendre que sous l'identité sous laquelle on a été attaqué. » Dans son cas, cela faisait référence au fait de devoir réagir en tant que Juive, lorsqu'elle était attaquée comme telle. Mais cela signifie aussi de toujours se demander à quel titre on a été attaqué, et de mettre cela en relation avec l'identité que l'on endosse pour s'exprimer ensuite. En tant que celle qui est invisible et monstrueuse pour les autres ? En tant que celle dont la vie quotidienne est limitée et affectée par des gestes et des mots, des lois et des habitudes ? En tant que celle qui ne veut plus tolérer ces grilles de perception, ces assignations, cette haine ?

Ce qui rend cette situation particulièrement doulou-reuse, c'est que la profonde mélancolie née de ce mépris doit rester secrète. Quiconque met en mots ses blessures, quiconque ne réprime plus sa tristesse face à ces formes éternellement identiques de l'exclusion se voit très vite soupçonné d'être *en colère* (la désignation « *angry black man* », « *angry black woman* »[1] relève de cette stratégie qui transforme le désespoir des impuissants en une colère prétendument sans objet), d'être dépourvu d'humour (voilà qui fait partie des reproches habituels à l'encontre des féministes et des femmes lesbiennes), de vouloir tirer profit d'une histoire atroce (en s'adressant aux juifs et aux juives). Ces étiquettes dévalorisantes servent surtout à ôter aux victimes du mépris structurel la possibilité de se défendre. Elles sont de cette manière assignées d'entrée à une identité qui leur rend difficile de s'exprimer.

---

1. « Homme noir en colère », « femme noire en colère ». [N.d.T.]

Quiconque n'a jamais été humilié, quiconque n'a jamais eu à se défendre contre le mépris social, quiconque ne se retrouve pas dans l'échelle entre l'invisible et le monstrueux peine à imaginer combien il est difficile, au moment de la vexation ou de la blessure, de paraître *détendu* ou *reconnaissant* de surcroît, pour ne surtout pas s'attirer les qualificatifs d'« irascible », « sans humour » ou « cupide ». L'injonction implicite à rester serein face à la vexation ou au mépris systématiques constitue une épreuve supplémentaire, parce qu'elle implique qu'il n'y a aucune raison de se sentir offensé ou irrité.

C'est sans doute la raison pour laquelle le moment le plus bouleversant et le plus amer de la vidéo sur Eric Garner n'est pas celui où est prononcé ce « *I can't breathe* » tant cité. Le moment le plus impressionnant est pour moi celui où Eric Garner dit, avant même que les policiers ne l'attaquent : « *It stops today.* » Le désespoir dans sa voix lorsqu'il dit cela. Ce « Ça doit cesser aujourd'hui » est prononcé par quelqu'un qui n'en peut plus d'être contrôlé et emprisonné encore et encore, qui ne veut plus tenir son rôle dans cette pièce injuste, le rôle d'un Noir qui doit accepter sans broncher d'être humilié et rabaissé en permanence. Ce « Ça doit cesser aujourd'hui » renvoie aussi à ce regard qui rend invisible ou monstrueux, qui rend invisible et fait tomber le garçon dans le métro, ou qui désigne comme un danger des personnes comme Eric Garner, même lorsqu'elles sont déjà, comme dans son cas, au sol, inconscientes et menottées.

Peut-être aussi ces mots me touchent-ils parce qu'ils me rendent tangible ce dont j'aimerais qu'on se souvienne à propos d'Eric Garner : pas seulement de ce corps immobile qui est allongé sur le sol sous une mêlée de policiers, pas de celui qui exhale « *I can't breathe* » avant de mourir, mais de celui qui dit « *I'm tired of it. This stops today* », de celui qui proteste, de celui qui veut interrompre l'histoire des contrôles et des fouilles corporelles permanents, la longue histoire de la peur des Noirs devant la violence policière des blancs. La souffrance et la douleur de l'agonie s'expriment dans l'exclamation « *I can't breathe* », et c'est sans doute pour cette raison qu'elle s'est imposée pour les campagnes de mobilisation aux États-Unis. Elle sert d'accusation contre la violence policière endémique. Ce « *I can't breathe* », qui a dû être audible pour chacun des policiers présents, prouve leur indifférence : qu'un Noir soit privé d'air, qu'il meure leur est apparemment indifférent. Seul quelqu'un qui ne craint aucune sanction sévère peut se permettre une telle indifférence.

« *This stops today* », en revanche, n'est pas lié seulement à cet instant des sévices, mais à la haine centenaire qui s'est depuis longtemps refroidie et indurée dans les pratiques institutionnelles de la discrimination raciale et de l'exclusion ; « *This stops today* » désigne aussi la permissivité sociale, l'acceptation paresseuse de ce qui prétendument ne peut être changé, simplement parce que cela a toujours été ainsi. Avec ce « Ça doit cesser aujourd'hui », Eric Garner affirme aussi sa dignité subjective d'individu qui ne veut plus qu'on lui dénie cette dignité.

Et c'est cette dignité que tous devraient défendre : « Ça doit cesser aujourd'hui », cette haine, cette violence, à Staten Island ou à Clausnitz. « Ça doit cesser aujourd'hui », la valorisation populiste des affects en politique, les masques rhétoriques appelés « peur » et « inquiétude », qui ne font que recouvrir le racisme pur et simple. « Ça doit cesser aujourd'hui », ce discours public dans lequel le plus petit trouble, la mesquinerie secrète, la croyance erronée en une théorie complotiste passent pour intangibles, authentiques et précieuses et se soustraient de ce fait à l'exercice de la réflexion critique et de l'empathie. « Ça doit cesser aujourd'hui », ces modèles dans lesquels la haine est canalisée, ces schémas dans lesquels des normes commencent par être définies, et où l'écart par rapport à ces normes mène ensuite à la stigmatisation et à l'exclusion. « Ça doit cesser aujourd'hui », cette disposition intérieure qui mène à ce que certains deviennent « invisibles » et soient jetés au sol, sans que quiconque les aide à se relever.

Deuxième partie

Homogène – Naturel – Pur

« C'est de chez soi qu'on s'élance. À mesure que nous vieil-
lissons
Le monde se fait plus étrange, plus compliqué devient le
modèle[1]. »

T. S. Eliot

Le Livre des Juges raconte la vieille histoire toujours
actuelle de l'exclusion d'un Autre. « Galaad occupa les gués
du Jourdain contre Éphraïm. Lorsque donc l'un des res-
capés d'Éphraïm disait : « Laisse-moi passer », les hommes
de Galaad lui disaient : « Es-tu d'Éphraïm ? » S'il disait :
« Non », ils lui disaient : « Eh bien ! dis : Schibboleth. »
Il disait : « Sibboleth », car il ne parvenait point à parler
correctement. On le saisissait et on l'égorgeait près des
gués du Jourdain. Il tomba, en ce temps-là, quarante-deux
mille hommes d'Ephraïm » (Juges 12,5-6)[2].
Ce seul mot, « schibboleth » (« épi de céréales » en
hébreu), doit donc déterminer qui a le droit de franchir

---

1. T. S. Eliot, *Quatre Quatuors*, trad. C. Vigée, Londres, The Menard
Press, 1992, p. 26.
2. Traduction d'Émile Osty, *op. cit.*

le seuil – qui appartient et qui n'appartient pas à la communauté, qui est conforme et qui ne l'est pas. Le *souhait* d'appartenance ne suffit pas, il ne suffit pas d'abandonner sa propre origine et d'adopter une nouvelle patrie : cette attitude doit être examinée. Le mot « schibboleth », que les uns prononcent correctement et les autres pas, cette capacité ou cette incapacité fortuite décide de qui est, ou non, reconnu comme ami. Cet unique mot est un sceau qui Nous distingue d'Eux, les « autochtones » des « étrangers ».

Pour les hommes d'Éphraïm, cette épreuve était aussi existentielle qu'insurmontable. Leur laisser-passer sur le Jourdain tenait à ce minuscule détail : au *schi* de schibboleth. Lorsqu'ils prononçaient le mot de passe, il sonnait faux. « Ils se distinguaient en ce qu'ils étaient incapables de reconnaître un signe distinctif ainsi codé[1]. » Le critère de l'appartenance est donc quelque chose qui est donné aux uns et pas aux autres. Manifestement, celui-là n'était pas donné aux hommes d'Éphraïm. Ils ne pouvaient ni se l'approprier, ni se préparer en vue de l'épreuve. Ils n'avaient droit qu'à une seule chance. Rien, dans cette vieille histoire, ne donne d'indication sur ce qui pourrait par ailleurs distinguer un Galaadite. Aucune conviction religieuse ou culturelle, pas de pratiques ou d'habitudes rituelles pour définir leur monde et leur communauté. On ne sait pas davantage pourquoi les Éphraïmites auraient été inadaptés, inassimilables, voire dangereux. La marque

---

1. Jacques Derrida, *Schibboleth : pour Paul Celan*, Paris, Galilée, 1986, p. 45.

choisie est aussi arbitraire qu'inéluctable – une marque qui dénigre et blesse des êtres humains en les désignant comme Autres, mais aussi comme ennemis.

La vieille histoire du schibboleth est toujours actuelle parce qu'elle décrit tous les procédés arbitraires dont peuvent user des sociétés pour écarter ou dénigrer des individus ou des groupes isolés. Elle peut s'appliquer aux mécanismes de la pensée antilibérale ou fanatique, qui invente des normes et des codes spécifiques, qui prétend définir l'unique forme de la vraie foi, la seule appartenance légitime à une culture, à une nation, à un ordre social, et légitime la violence envers ce qui en dévie. Les codes comme les conséquences de la mise au ban peuvent varier, mais les techniques de l'inclusion et de l'exclusion se ressemblent. Ce qui varie, ce sont les normes, ces lignes de démarcation condensées dans un récit pour Nous distinguer des Autres, c'est le fait que la reconnaissance sociale soit limitée, voire que des droits civiques soient amputés. Parfois, les « schibboleth » ne font *que* stigmatiser. Parfois, ils justifient, voire initient la violence.

Déterminer des pratiques et des convictions qui définissent une communauté sociale ou culturelle n'est pas en soi problématique. Groupes et organisations privés formulent bien entendu leurs propres règles. De même, les communautés religieuses élaborent des rituels et des dogmes précis censés caractériser leur religion. Pour certains, cela comprend le respect de jours de repos définis ou des prescriptions vestimentaires, pour d'autres la prière ritualisée est aussi fondamentale que l'aumône miséricordieuse ; d'autres croient à la Trinité, et d'autres encore à la réincarnation. Bien entendu, ces pratiques ou ces convictions définissent aussi des lignes de démarcation entre ceux qui veulent appartenir à ces groupes et ceux qui ne le veulent pas. Les protestants peuvent souhaiter se distinguer des catholiques, ou les adeptes du Mahayana de ceux du Theravada. Tout cela est parfaitement légitime. Ces critères sont cependant bien davantage discutés au sein des communautés et plus changeants dans la durée (et à travers les générations) qu'on ne veut en convenir. Mais ces communautés sont potentiellement ouvertes à tous ceux qui voudraient les rejoindre. En inventant et en transmettant des récits qui créent des seuils d'entrée, elles rendent la transition possible. Par ailleurs, leur différenciation avec d'autres communautés ne les conduit pas nécessairement à une légitimation de la violence[1].

---

1. Les pratiques et les convictions ne diffèrent pas seulement entre les diverses communautés religieuses, mais aussi *à l'intérieur* de chacune d'elles. À l'heure actuelle, la foi est toujours aussi une *pratique*, au-delà de tout enseignement théologique et, en cela, dépassant les générations et les zones géographiques, elle est plus diverse et mobile que ce que les textes canoniques ou les autorités prescrivent. En principe, aucune contrainte ne devrait être exercée au sein des communautés religieuses. Cela signifie que, pour ceux qui sont nés dans une communauté dont ils ne peuvent ou ne veulent pas partager les règles, il doit exister une possibilité de sortie. Il faut que les membres de la communauté puissent en sortir s'ils ne peuvent ou ne veulent pas croire, si les règles à observer exigent trop d'eux, voire ne respectent pas leurs droits comme sujets autonomes. Avoir le droit (ou la possibilité) de croire, tout comme avoir le droit (ou la possibilité) de ne pas croire sont des droits individuels (ou des aptitudes) également dignes de respect. L'appartenance à une foi ou à une communauté religieuse ne devrait pas faire l'objet d'une contrainte.

Ce qui m'intéresse ici en revanche, ce sont ces récits qui élaborent les codes sociaux, culturels, corporels qui prétendent caractériser un État démocratique, une nation, un ordre social et qui, d'un même mouvement, désignent comme « étrangers » ou *hostiles* et excluent d'une communauté de droits des personnes ou des groupes entiers. Ce qui m'intéresse, ce sont ces dynamiques de radicalisation des visions du monde et des idéologies, ces thèmes et ces concepts récurrents avec lesquels des mouvements sociaux ou des acteurs politiques tentent actuellement de justifier leurs positions de plus en plus fanatiques – voire leur violence intrinsèque. Ce qui m'occupe, c'est la façon dont sont élaborées les stratégies permettant de construire d'une part la nation, la culture ou la communauté « authentiques », et d'autre part les « Autres », ceux que l'on peut dénigrer ou agresser.

« La différence se dégrade en inégalité ; l'égalité en identité », écrit Tzvetan Todorov dans *La Conquête de l'Amérique*, « ce sont là les deux grandes figures du rapport à l'autre, qui en dessinent l'espace inévitable »[1].

Todorov saisit très précisément le glissement antilibéral qui s'opère lorsque les différences religieuses, sexuelles, culturelles ou relevant de la simple apparence entre les êtres ne sont pas simplement des *différences* entre des humains ou des groupes, mais servent à induire l'inégalité sociale ou juridique. Lorsque ceux qui diffèrent tant soit peu d'une majorité affirmée comme norme ne sont

---

1. Tzvetan Todorov, *La Conquête de l'Amérique*, Paris, Seuil, « Points », 1991, p. 186.

soudain plus perçus comme simplement « différents », mais comme « faux », et se voient par conséquent retirer toute protection. Lorsque seule l'absolue conformité à une identité doit compter – et que tout le reste doit être rejeté et exclu.

Comment sont aujourd'hui sélectionnées ces différences, fortuites ou innées, auxquelles sont rattachées la reconnaissance sociale, voire l'application des Droits de l'homme et du citoyen ? Que se passe-t-il lorsque des mouvements sociaux ou des communautés politiques veulent fixer, dans un État démocratique, des critères pour l'égalité que ne remplit qu'une partie des membres d'une société, seuls des gens qui ont un certain corps, une certaine manière de croire, d'aimer ou de parler ? Lorsque ces critères doivent permettre de déterminer à qui seront accordés l'ensemble des Droits de l'homme et du citoyen, et qui au contraire pourra être méprisé et maltraité, chassé ou tué ?

Illustrons cela par quelques exemples surréalistes : si, en Allemagne, seuls les gauchers se voyaient accorder la liberté d'expression, si seuls ceux dotés de l'oreille absolue pouvaient devenir menuisiers, si seules les femmes pouvaient témoigner devant les tribunaux, si n'étaient reconnus dans les écoles publiques que les jours de fêtes juives, si seuls les couples homosexuels pouvaient adopter des enfants, si les bègues se voyaient interdire l'accès aux piscines publiques, si l'on retirait aux fans de Schalke[1] le

---

1. Schalke 04 est un célèbre club de football allemand basé à Gelsenkirchen en Rhénanie-du-Nord-Westphalie, dans le quartier de Schalke. [N.d.T.]

droit de prendre part aux réunions publiques, si seules les personnes ayant une pointure supérieure à 45 étaient admises dans les rangs de la police – on appliquerait des codes arbitraires qui décideraient de la reconnaissance sociale, des droits et de l'accès à tel ou tel métier. Il sauterait aux yeux que ces critères ne sont pas pertinents pour déterminer les capacités requises pour une fonction ou pour l'exécution d'une mission – ou pour le droit de mener une vie libre.

Or, nombre des discriminations et exclusions actuelles sont tout aussi arbitraires et absurdes. Simplement, les récits qui les transmettent (ou les lois dans lesquelles elles sont inscrites) reposent sur une tradition si longue, leurs schibboleths ont été si souvent ressassés qu'ils ne semblent plus discutables. Il suffit que les normes qui incluent et excluent soient suffisamment anciennes pour qu'elles disparaissent dans l'angle mort de la perception sociale. En revanche, d'autres lignes de démarcation sont nouvelles ou ne sont invoquées publiquement, et avec autant de véhémence, que depuis peu[1] : celles qui séparent les « autochtones » des « étrangers », les « vraies » des « fausses » familles, les femmes « authentiques » des « autres », les Européens et Européennes « authentiques » des « autres », les « vrais » Britanniques des « faux », le Nous d'un Autre.

1. Pour éviter tout malentendu : ce type d'exclusions peut aussi être déterminé par des processus majoritaires, lors d'un référendum ou de votes parlementaires. Cela ne change rien à leur caractère potentiellement illibéral et normativement discutable. Mais dans un État de droit, même les décisions démocratiques sont encadrées et limitées par les garanties relatives aux Droits de l'homme. Nous y reviendrons.

Il est important d'observer ces mécanismes d'inclusion et d'exclusion contemporains : à travers quels récits, quels mots les êtres sont-ils départagés et jugés ? Ce sont des dispositifs de dits et de non-dits, des directives administratives et des normes esthétiques, des films et des images qui préparent et justifient le processus de sélection : qui est inclus ou pas, qui accède au pouvoir et qui est voué à l'impuissance, qui obtient des droits et qui se les voit dénier. C'est à travers eux que certaines personnes sont jugées acceptables, adéquates, précieuses et d'autres inférieures, étrangères et hostiles.

*

Aujourd'hui, certains mouvements politiques se complaisent à affirmer leur propre identité comme *homogène*, comme *authentique* (ou *naturelle*) ou comme *pure*. Qu'il s'agisse d'une nation, d'une région ou d'une communauté religieuse qui se prétend dotée d'une légitimité particulière, ou d'un peuple qui veut s'arroger des droits exclusifs, l'un de ces termes – et parfois les trois – apparaîtra dans la description du Nous invoqué (qu'il s'agisse des Britanniques « authentiques », qui veulent se distinguer des migrants et des migrantes d'Europe de l'Est, ou des membres de Pegida qui veulent défendre l'Occident « pur » contre les musulmans). On les retrouve dans les mouvements et les communautés les plus divers, et ils sont un indice du potentiel illibéral de ces politiques identitaires. Les mouvements séparatistes, les partis nationalistes ou les fondamentalistes pseudo-religieux peuvent avoir des positionnements politiques ou des ambitions différents et mettre en œuvre diverses formes d'action (ou de violence) ; tous sont mus par une représentation analogue d'une communauté homogène, authentique ou pure.

Homogène

« Longtemps avant que la langue ne fractionne et n'ordonne le monde, l'esprit humain s'est forgé un système de classification par catégories[1]. »

Aleïda Assmann

Presque tous les partis nationaux-conservateurs ou populistes de droite qui ont remporté des succès électoraux nationaux ou locaux en Europe – le « Parti pour la liberté » aux Pays-Bas (2012 : 10,1 %), le « Front national » en France (2017 : 34 % au second tour de la présidentielle), le « FPÖ » en Autriche (2013 : 20,5 %), « Fidesz » en Hongrie (2014 : 44,9 %, au pouvoir), « Ukip » en Grande-Bretagne (2015 : 12,6 %), les « Démocrates de Suède » (2015 : 12,9 %), les « Vrais Finlandais » en Finlande (2015 : 17,7 %, participe au gouvernement), le « Parti populaire danois » au Danemark (2015 : 21,2 %, participe au gouvernement), l'Union démocratique du centre en Suisse (2015 : 29,4 %, participe au gouvernement) et le « PiS – Droit et justice » en Pologne (2015 : 37,6 %,

1. Aleïda Assmann, *Ähnlichkeit als Performanz.*

au pouvoir) – défendent la vision d'une nation ou d'un peuple *homogène* par sa culture et par sa religion.

D'emblée, le recours au concept de « peuple » est ambigu. Qui est supposé former ce « peuple » ? Certains mouvements politiques qui se réfèrent au « peuple » ne lui associent aucune intention antidémocratique ou exclusive mais au contraire des valeurs émancipatrices et inclusives. Ils formuleraient plutôt l'idée suivante : « Nous sommes *aussi* le peuple. » Ils se sentent entièrement ou partiellement exclus par des pratiques politiques qui certes les concernent, mais ne les intègrent pas suffisamment aux processus décisionnels. Ils se considèrent comme insuffisamment représentés politiquement et médiatiquement.

Beaucoup de mouvements sociaux ou politiques (de droite ou de gauche) critiquent dans la démocratie parlementaire à l'œuvre dans l'Union Européenne le manque de participation citoyenne, l'insuffisance des liens entre les prises de décision politiques et des processus de consultation démocratiques qu'ils souhaiteraient plus transparents, et déplorent le manque de légitimité de la construction européenne. Ils se réfèrent, pour formuler cette critique, à la promesse républicaine de la souveraineté populaire.

Dans la tradition de Jean Bodin et de Jean-Jacques Rousseau, le « peuple », conçu comme une communauté d'êtres libres et égaux, est doté d'une souveraineté qu'il ne peut abdiquer. Cette conception de la souveraineté populaire considère que le pouvoir législatif émane directement des citoyens autonomes et non de leurs représentants. Le peuple ainsi défini est encore physiquement présent, il peut négocier et décider de son propre destin. Cela nécessite des processus de formation de la volonté politique qui, en tant qu'actes fondateurs toujours renouvelés, sont seuls à même de créer la communauté politique. Dans cette tradition républicaine, le peuple n'est pas une réalité donnée *a priori* : il se construit par la confrontation et le dialogue et n'est constitué qu'au moyen d'un contrat social[1].

*

En réalité, ce modèle d'un peuple d'êtres libres et égaux est une fiction. Les êtres humains n'ont jamais *tous* été libres et égaux. Ou pour le dire plus clairement : jamais les êtres humains n'ont tous été considérés comme des êtres humains. Même le projet de la Révolution française, qui a comblé avec le peuple souverain le vide laissé par le monarque, n'a jamais été aussi inclusif qu'il le prétendait. Les femmes et les « étrangers » demeuraient exclus des droits avec une telle évidence qu'il ne fut jamais nécessaire de le justifier explicitement. Le peuple démocratique et la nation, qui voulaient régler leurs comptes avec les privilèges issus des anciens ordres, ne purent finalement

---

1. Le libéralisme en revanche témoigne d'un certain pragmatisme : le peuple délègue sa souveraineté à des représentants et des représentantes élus. En Allemagne, le pouvoir du peuple ne s'exerce, selon la Loi fondamentale, qu'à travers « les élections et les votes, ainsi que par des organes définis du pouvoir exécutif et judiciaire » (art. 20, § 2 de la Loi fondamentale). Pour une reformulation de la notion de souveraineté populaire à travers un concept élargi discursif et théorique de l'élaboration démocratique de la volonté politique, voir aussi : Jürgen Habermas, *Droit et démocratie. Entre faits et normes*, trad. R. Rochlitz et C. Bouchindhomme, Paris, Gallimard, 1997, p. 311-340.

se constituer, eux aussi, qu'en se différenciant par rapport à un Autre.

C'est particulièrement manifeste dans les termes utilisés pour décrire cette idée du peuple souverain et de l'histoire du contrat social entre êtres libres et égaux : très tôt, l'ordre politique est décrit en termes de *corporéité*. Ce qui était conçu comme la volonté politique de tous (et donc de tous les individus autonomes) se transforme subrepticement en volonté du Tout (et donc d'un collectif indéterminé)[1]. La multiplicité de voix singulières et de perspectives qui doivent commencer par trouver, à travers la confrontation, des positions et des convictions communes, se transforme en unité homogène du Tout. La métaphore de la société comme corps fait naître des associations lourdes de conséquences politiques : un corps est en effet solide et fini. Un corps est enveloppé d'une peau qui le délimite. Il est sujet aux maladies provoquées par les germes et les bactéries. Il doit être sain et protégé des épidémies. Mais avant tout, un corps est une entité homogène.

Cette « biologisation » du langage politique (et donc également de l'imaginaire politique) véhicule et va de pair avec la notion d'hygiène, transposée à la société : c'est ainsi que la diversité culturelle ou religieuse est considérée comme mettant en danger la santé nationale

---

1. Voir « Das Imaginäre der Republik II : Der Körper der Nation », *in* Albrecht Koschorke, Suzanne Lüdemann, Thomas Frank et Ethel Matala de Mazza, *Der fiktive Staat*, Francfort-sur-le-Main, Fischer, 2007, p. 219-233.

d'un corps populaire homogène. Dès lors que l'on est prisonnier de ce système de perception biopolitique, des angoisses de contagion face à l'« étranger » se font jour rapidement. Chaque manière d'être divergente n'est pas simplement différente, elle affecte et contamine le corps sain et homogène de la nation. Ce système de pensée génère une identité curieusement hypocondriaque, car elle craint toujours l'infection par d'autres pratiques et d'autres convictions. Comme si toute différence, toute déviation par rapport à la norme nationale, quelle que soit la manière dont celle-ci est définie, se répandait de manière épidémique par des gouttelettes culturellement ou religieusement infectieuses. Pour filer la métaphore : si chaque rencontre avec d'autres corps doit être d'emblée crainte et évitée, c'est que le « système immunitaire culturel » n'est pas particulièrement vaillant. La moindre différence génère de l'angoisse dans l'imaginaire biopolitique du peuple considéré comme un corps devant rester sain.

Cela explique pourquoi certains voient actuellement leur existence mise en danger par le port d'une simple kippa ou d'un voile. Comme si le foulard d'une musulmane ou la kippa d'un juif pouvaient faire se dissoudre l'identité chrétienne de ceux qui les voient. Ce serait drôle si ce n'était aussi absurde. Tandis qu'une des argumentations contre le foulard prétend que le voile opprime la femme (sous-entendant ainsi qu'aucune femme ne pourrait vouloir le porter) et qu'il doit pour cette raison être interdit, d'autres y voient une menace aussi bien pour eux-mêmes que pour une société laïque[1]. Comme si ce morceau de tissu ne pesait pas seulement sur celles qui le portent mais aussi sur ceux qui le regardent. Les deux objections occultent le fait que l'oppression supposée ne peut pas émaner d'un foulard, mais uniquement des personnes ou des structures qui contraignent une femme et lui imposent certaines pratiques contre son gré. Dans cette mesure, les deux injonctions peuvent être perçues comme étant également coercitives : l'ordre formulé par un milieu religieux patriarcal de porter un foulard aussi bien que celui émanant d'un milieu patriarcal antireligieux de *ne pas* en porter.

Une société laïque qui garantit le droit au libre exercice de la religion, et qui veut en même temps protéger et promouvoir les droits des femmes et des jeunes filles, devrait toujours avoir comme priorité l'autodétermination des femmes. Cela signifie aussi : reconnaître qu'il y a des femmes qui *souhaitent* mener une vie de dévotion (quelle que soit la forme qu'elle prend) ou adopter une certaine forme de pratique religieuse. Dans le cas du foulard, il ne revient pas à d'autres de décréter que ce souhait est en soi irrationnel, antidémocratique, absurde ou impossible. Ce souhait mérite le même respect et la même protection que celui de s'opposer à une dévotion ou à des pratiques ainsi comprises, et par là même, éventuellement, à une famille traditionaliste. Les droits subjectifs liés à ces deux options

1. Pour aller plus loin sur la question du voile, voir Carolin Emcke, *Kollektive Identitäten. Sozialphilosophische Grundlagen*, Francfort-sur-le-Main, Campus, 2000, p. 280-285.

et projets de vie devraient mériter, dans la société libérale européenne, le même respect. La question du port du foulard dans le service public est en revanche plus complexe, car il est bien possible que les droits fondamentaux de l'individu, définis en Allemagne par exemple par l'article 4 § 1 et 2 de la Loi fondamentale, qui garantit la liberté de croyance, de conscience, de religion et de conviction, entrent en contradiction avec l'obligation de neutralité religieuse et philosophique de l'État. Cette question se pose d'ailleurs de la même manière pour la présence de croix chrétiennes dans les salles de classe[1].

Pourquoi, au-delà de ces questions, ces coiffures suscitent-elles autant d'irritation ? Après tout, ces symboles culturels ou religieux ne montrent qu'une seule chose : qu'il existe des personnes ayant d'autres manières de croire. Est-ce la raison pour laquelle ces symboles dérangent autant ? Parce qu'il est plus difficile de nier la diversité lorsqu'elle devient visible dans l'espace public ? Lorsque ceux qui dévient de la norme nationale prédéfinie deviennent visibles et audibles au quotidien, lorsqu'ils apparaissent dans les films (non pas comme une thématique particulière et problématique, mais comme des personnages principaux ou secondaires), lorsqu'ils sont décrits dans des manuels scolaires comme *un* exemple d'*une* manière de croire, d'aimer ou de paraître, lorsque l'on installe des toilettes séparées et qu'il devient ainsi manifeste que les constructions précédentes n'étaient pas généralisables (parce qu'il n'était pas également agréable pour tous de les utiliser),

1. *Ibid.*

dans tous ces cas, le corps imaginaire du peuple n'est pas menacé. La diversité normale d'une société moderne sort tout simplement de l'invisibilité, hors de l'ombre projetée par la norme.

Il en va tout autrement lorsqu'il s'agit de transformer des atteintes aux Droits de l'homme en pratiques prétendument religieuses. Dans ce genre de conflits, l'État de droit a le devoir de faire prévaloir les droits individuels face aux exigences d'un collectif religieux ou de la famille de la personne concernée. Face à l'horrible pratique de l'excision ou dans le cas des unions avec des mineures, cette intervention de l'État n'est pas seulement autorisée : elle est nécessaire. Un droit coutumier culturel ne peut et ne doit pas mettre hors d'usage les Droits de l'homme.

*

Les acteurs politiques et sociaux qui, en Europe, invoquent à nouveau le « peuple » et la « nation », emploient ces notions dans une acception délibérément étroite : le « peuple » n'est pas compris comme *dèmos* mais le plus souvent comme *ethnos*, c'est un clan dont les membres ont une origine, une langue et une culture que l'on prétend communes. Les partis et les mouvements qui rêvent d'un peuple ou d'une nation *homogènes* veulent déconstruire l'idée d'une communauté de droits (nationale ou supra-nationale) d'individus libres et égaux[1]. Ils veulent voir la

---

1. Selon la belle formule de Gustav Seibt *in* http://www.sueddeutsche.de/kultur/alternative-fuer-deutschland-sprengstoff-1.2978532.

société traversée par des axes non pas horizontaux, mais verticaux : ce sont les origines ethniques et religieuses qui doivent définir l'appartenance et non l'action commune ou le fait de s'appuyer sur la même constitution, pas plus que les processus ouverts d'une société délibérative. Le droit à la participation devient héréditaire. On attend de ceux qui n'ont pas pu en hériter parce que leurs parents ou leurs grands-parents viennent d'immigrer des aptitudes, des professions de foi, une adaptation aux normes que l'on n'exige pas des autres, ou pas dans la même mesure.

Pourquoi une culture ou une nation homogènes seraient-elles *par principe* meilleures pour un État moderne que l'hétérogénéité ? Il serait très intéressant de savoir si une société unifiée a de meilleurs résultats économiques, si une société culturellement homogène surmonte mieux les crises écologiques, si elle produit moins d'inégalités sociales entre ses membres, si elle s'avère être une construction politique plus stable ou simplement si ses membres se respectent davantage. Ce qui est sûr, c'est que l'« argumentation » en faveur d'un Nous homogène relève souvent d'une tautologie primaire : une nation homogène serait meilleure parce qu'elle est homogène[1]. On avance volontiers l'argument selon lequel une majorité autochtone en passe de devenir une minorité verrait dans l'exclusion des Autres un simple travail de prévention culturelle ou religieuse. Les slogans de

---

1. Plusieurs études ont d'ailleurs montré en quoi la diversité culturelle n'est pas seulement souhaitable sur le plan politique ou démocratique, mais aussi sur le plan économique. Cf. http://www.nber.org/papers/w17640 ou https://www.americanprogress.org/issues/labor/news/2012/07/12/11900/the-top-10-economic-facts-of-diversity-inthe-workplace/.

la NPD, mais aussi ceux de l'AFD, d'Ukip en Angleterre et du Front national en France, ont recours à cette fable. Ainsi, la nation n'évoluerait pas vers davantage d'hétérogénéité et de mobilité. Elle serait au contraire « rétrécie », « opprimée » ou « remplacée » par ceux qui, selon des critères biologistes ou racistes, sont classés comme Autres. Mais cela ne nous dit toujours pas *pourquoi* l'homogénéité serait aussi importante. Cela attribue simplement aux Autres le mépris de la diversité et de l'hybridation que l'on manifeste soi-même.

Cette conception d'une nation culturellement et religieusement homogène au sein d'un État moderne revient aujourd'hui sur le devant de la scène ; or, ce qui est frappant, c'est à quel point cette vision est anhistorique et contrefactuelle. La cellule-mère prétendument homogène d'une nation, dans laquelle il n'y a pas d'immigrés, de multilinguisme, de coutumes et de traditions diverses ni de confessions différentes, quand aurait-elle existé dans un État-nation ? Où ? Cette unité organique attribuée à la nation est une construction extrêmement efficace, mais totalement imaginaire[1]. Cette nation souhaitée et

---

1. Pour Marine Le Pen, par exemple, la France « originelle », « authentique » se situe de toute façon avant l'adhésion à l'Union européenne, voire du temps de De Gaulle. La France n'est pas la France lorsqu'elle est intégrée à l'Union européenne (ou à l'OTAN). Mais surtout, Marine Le Pen situe la « vraie » France à l'époque où il n'y avait pas de Français musulmans. Lorsqu'elle critique la diversité culturelle et religieuse de la France contemporaine, elle sous-entend volontiers qu'ait existé un jour quelque chose comme une nation française dotée d'une identité vraiment homogène, quelle qu'en soit la définition. Aussi, c'est l'origine qui sert

célébrée, quelle qu'en soit la nature, correspond rarement à une communauté donnée ; elle est toujours fabriquée de toutes pièces – ce qui suppose de transformer la société en question pour correspondre à cette image. En ce sens, il n'existe pas d'archétype de la nation : il existe simplement la décision d'en inventer un, sur lequel on s'accorde et auquel il convient de ressembler.

Comme l'explique Benedict Anderson dans son célèbre ouvrage *L'Imaginaire national*, toutes les communautés dépassant le village archaïque sont des « communautés imaginées ». En réalité, les membres de chaque nation moderne partagent moins des références ethniques ou culturelles communes (comme la langue, l'origine, la religion) qu'un imaginaire de l'appartenance commune. « Elle est *imaginaire* [*imagined*] parce que même les membres de la plus petite des nations ne connaîtront jamais la plupart de leurs concitoyens : jamais ils ne les croiseront ni n'entendront parler d'eux, bien que dans l'esprit de chacun vive l'image de leur communion[1]. »

Les partis nationaux-conservateurs et nationalistes en Europe affirment au contraire une univocité de la tradition nationale qui doit gommer tout ce qui témoigne

---

de critère décisif pour l'attribution de la nationalité française et non pas, conformément aux lois de la Ve République, le lieu de naissance.

1. Benedict Anderson, *L'Imaginaire national. Réflexions sur l'origine et l'essor du nationalisme*, trad. P.-E. Dauzat, Paris, La Découverte, 1996, p. 19. Voici la citation dans le texte : « *It is imagined because even the members of the smallest nations will never know most of their fellow members, meet them or even hear of them, yet in the minds of each lives the image of their communion.* »

des fractures, des ambivalences, de la polyphonie de l'histoire commune. C'est pour cela que les acteurs politiques européens ayant des sympathies nationalistes s'intéressent particulièrement aux instituts d'histoire, aux musées, aux institutions culturelles ou éducatives et aux manuels scolaires : en effet, selon eux, toutes les voix et les perspectives qui contredisent la construction d'une nation ou d'un peuple homogène sont à proscrire. Dans cette perspective, il n'est pas étonnant que le PiS, parti au pouvoir en Pologne, attache une telle importance à des festivités comme celle de la « Commémoration de la christianisation de la Pologne ». En Hongrie, on ne se contente pas d'encadrer le travail des médias par des lois : les nominations dans des institutions culturelles – comme les théâtres – favorisent les candidats dont la production artistique ne remet pas en question la fiction néonationaliste. L'AfD, elle aussi, désigne explicitement dans son programme les institutions culturelles comme les instruments d'une conception essentialiste de l'identité nationale.

Mais l'homogénéité du peuple ou de la nation allemande à laquelle l'AfD et Pegida se réfèrent n'existe pas. On ne peut la réaliser que par l'exclusion de tous ceux qui sont déclarés non-allemands ou non-occidentaux. On utilise donc divers schibboleths pour tracer les lignes de démarcation supposées distinguer les Allemands « authentiques » de ceux qui ne le sont pas. Rien n'est trop mesquin ou trop absurde pour y parvenir. Lors d'une manifestation de Pegida à Dresde, un des participants se promenait dans les rues avec un bâton surmonté d'un petit cochon rose factice. Un autre portait un bonnet de laine en forme de tête de cochon. Le porcelet comme figure de proue de l'Occident ? C'est à cela que se réduit leur ambition idéologico-culturelle ? Je n'ai rien contre les cochons, mais si la consommation de viande de porc constitue un marqueur décisif de l'identité occidentale, il est vraiment temps de s'inquiéter pour l'Occident. L'exhibition de petits cochons en plastique dans les manifestations reste d'ailleurs un exemple relativement anodin : des têtes de porcs coupées ont été déposées ces derniers mois en Allemagne devant plusieurs mosquées, ou sur les terrains où elles doivent être érigées. Évidemment, ce nouveau fétiche de la viande de porc n'est pas seulement un schibboleth censé offenser les musulmans, mais aussi, bien sûr, un *topos* traditionnel de l'antisémitisme.

Une anecdote illustre peut-être encore plus clairement la façon dont la communauté nationale-populaire[1] est conçue ici : comme une entité qui entend ne se voir représentée que sous la forme racialisée d'une communauté de blancs et de chrétiens[2]. Avant la coupe d'Europe de football de 2016 en France, l'entreprise Ferrero fit figurer sur ses chocolats Kinder, au lieu du petit garçon blond bien connu,

---

1. Nous tentons de rendre ainsi « *völkisch* », adjectif dérivé du mot allemand « *das Volk* » : le peuple. Il qualifie un mouvement intellectuel né en Allemagne à la fin du xixᵉ siècle et présentant des traits pangermanistes, antisémites et racistes. Il fut très employé sous le IIIᵉ Reich, notamment dans le titre du *Völkischer Beobachter*, journal national-socialiste. Le terme « *völkisch* » connaît actuellement un renouveau dans la mouvance des partis populistes de droite, comme l'AfD. [N.d.T.]

2. http://www.spiegel.de/panorama/gesellschaft/pegida-anhaenger-hetzengegen-nationalspieler-auf-kinderschokolade-a-1093985.html.

les photographies des joueurs de l'équipe d'Allemagne enfants – parmi eux Ilkay Gundogan, Sami Kedirah et Jérôme Boateng –, suscitant la réprobation d'une branche de Pegida au Bade-Wurtemberg : les Allemands noirs et les musulmans ne devaient pas apparaître dans les publicités parce qu'ils écorneraient l'image, fabriquée de toutes pièces, de la nation homogène, du peuple « pur ».

Les politiques de l'AfD et de Pegida ne sont pas les seuls à exprimer leur aversion pour une société hétérogène, pour un peuple de citoyens et de citoyennes libres et égaux, partageant une même constitution et une pratique de la démocratie. La phrase qu'a prononcée le vice-président de l'AfD Alexander Gauland – ou qui lui a simplement été attribuée –, disant que « les gens » estiment Boateng comme footballeur, mais qu'ils n'en voudraient « pas comme voisin » (phrase qui, au demeurant, n'« offensait » pas Boateng, comme cela a été suggéré, puisqu'elle ne dit rien de lui : il y est question de ceux qu'on nomme ici les « gens », auxquels on prête l'intention de refuser un voisin noir), décrit parfaitement le racisme quotidien en Allemagne, par ailleurs confirmé et quantifié dans des études empiriques[1]. 26 % des personnes interrogées lors d'un sondage portant sur un échantillon représentatif de la population – même s'il date un peu – ont approuvé la phrase suivante : « Les gens de couleur n'ont rien à faire en Allemagne. » Dans cette perspective, la phrase

1. http://www.antidiskriminierungsstelle.de/SharedDocs/Downloads/DE/publikationen/forschungsprojekt_diskriminierung_im_alltag.pdf?__blob=publicationFile.

d'Alexander Gauland aurait tout à fait pu viser à l'analyse critique d'une attitude raciste. Comme la citation est quasiment dépourvue de contexte, il est impossible de le savoir. Mais on peut supposer qu'il s'agissait moins pour Alexander Gauland de questionner les ressentiments et les préjugés que de les endosser et de les légitimer au titre d'inquiétudes qu'il faudrait prendre au sérieux.

Quelques jours plus tard, Alexander Gauland commentait dans le *Spiegel* le pèlerinage à La Mecque de Mesut Özil, joueur de l'équipe nationale allemande et musulman pratiquant. « Comme le football ne m'intéresse pas, il m'est à peu près égal de savoir où monsieur Özil va se promener. Mais s'il s'agissait de fonctionnaires, d'enseignants, de politiciens ou de décideurs, je poserais certainement la question : quelqu'un qui va à La Mecque est-il à sa place dans la démocratie allemande ? » En réponse à une autre question, le vice-président de l'AfD précise sa position : « Je dois pouvoir demander à qui ce monsieur est fidèle. Est-il fidèle à la Loi fondamentale ? Ou est-il fidèle à l'islam, à un islam politique ? Et veut-il montrer, lorsqu'il déambule autour de la Kaaba, qu'il est proche de cet islam politique ? Mais des footballeurs comme monsieur Özil ne sont pas des décideurs à mes yeux[1]. »

On peut tout d'abord s'étonner de l'insistance de Gauland concernant son manque d'intérêt pour le football. C'est son droit. Mais cela n'est d'aucune importance pour son argumentation. Si, comme l'insinue Gauland, l'islam

---

1. « Boateng will jeder haben », interview avec Alexander Gauland, dans le *Spiegel*, 23/2016, p. 37.

et la démocratie étaient incompatibles, un musulman pratiquant serait problématique, qu'il soit footballeur ou juge au tribunal administratif. Compte tenu de la célébrité d'un joueur de l'équipe nationale allemande, monsieur Gauland devrait d'ailleurs se soucier davantage de l'influence d'un footballeur que de celle d'un fonctionnaire. Mais laissons cela. Le problème dans la position de Gauland réside dans le fait qu'elle ne questionne pas la loyauté constitutionnelle de Mesut Özil, mais celle de Gauland. Parce que ce sont bien *ses* déclarations qui ne sont pas conformes à la Loi fondamentale. Tous les citoyens ont le droit de pratiquer librement leur religion, ce qui recouvre aussi bien les pèlerinages à Saint-Jacques-de-Compostelle qu'à La Mecque. Alexander Gauland le sait très bien. C'est pourquoi il doit simultanément mettre en doute le fait que les musulmans appartiennent à une communauté de foi, et dénier à l'islam le caractère de religion. Pour « prouver » sa thèse, il faut qu'Alexander Gauland cite précisément l'ayatollah Khomeiny avec cette formule : l'islam est politique. C'est à peu près comme si l'on citait Andreas Baader, cofondateur de la Fraction armée rouge, pour définir la démocratie. Ce n'est pas la fidélité de Mesut Özil à la Loi fondamentale qui est en question, mais bien celle d'Alexander Gauland. Mesut Özil ne doute pas qu'un chrétien ou un athée soit à sa place dans une démocratie laïque, et qu'il mérite les mêmes droits et la même protection. Mesut Özil pratique sa foi, sans disqualifier les pratiques ou les convictions d'autres personnes comme étant déloyales ou antidémocratiques.

La polémique prit un tour tout à fait baroque lorsque Frauke Petry, alors présidente de l'AfD, reprocha d'une part à Mesut Özil d'avoir rendu son pèlerinage public par une photo sur Twitter (comme si la foi ne pouvait se vivre qu'en secret), et d'autre part de ne pas vivre « selon les règles de la charia » puisque les femmes à ses côtés n'étaient pas voilées. Ce que l'on reproche à Mesut Özil n'est pas très clair : est-ce d'être un musulman pratiquant, ou de ne pas l'être suffisamment ? Ce qui est certain, c'est que l'AfD n'entend pas seulement définir ce qu'est une démocratie (en contradiction avec ce que stipule la Loi fondamentale), mais aussi ce qu'est un musulman. Et il semblerait que seul un islamiste fondamentaliste corresponde à l'idée que l'AfD s'en fait. Une personne avec une foi ouverte, tolérante, qui, comme les fidèles de la plupart des autres religions, respecte certaines règles, d'autres à peu près, et en tient d'autres encore pour tout simplement surannées ou peu pratiques, ne peut pas être un musulman.

Authentique/Naturel

« Personne ne te dit que c'est dû au fait que tu es ce que tu es[1]. »

Cato

Le statut prétendument supérieur du Nous est souvent affirmé dans le cadre d'un récit faisant référence à un mythe fondateur : c'est parce qu'elles peuvent en référer à une sorte d'idéologie originelle ou d'ordre naturel que la conviction ou l'identité dont on se réclame sont meilleures, plus précieuses, plus importantes que les autres. Il s'agit souvent d'un récit tourné vers le passé, qui parle de la tradition familiale ou de la forme de vie propre au groupe en question. Dans ce passé imaginaire, lorsque la société était encore « pure », lorsque tous partageaient les mêmes valeurs, lorsque régnaient les mêmes conventions, tout était plus « vrai », plus « authentique », plus « juste ». À l'inverse, le présent est volontiers décrit comme « dégénéré », « corrompu » ou « malade ». Les individus, les actions isolées ou les positions sont évalués selon le

1. Cato, *in* Sasha Marianna Salzmann, *Météorites*.

critère de l'adéquation la plus « authentique » possible aux idéaux posés comme originels.

Le schibboleth employé ici pour dévaloriser des êtres qualifie certaines particularités, certains corps ou façons de vivre dans leur ensemble comme « contre nature » ou « inauthentiques ». Autrement dit, quelque chose – un être humain, un concept, un ordonnancement – n'est plus comme avant. Quelque chose a été transformé, n'est pas resté dans son « état d'origine ». Quelque chose n'est plus tel que la nature l'avait prévu ou imaginé. Quelque chose remet en question l'ordre naturel et social. Suivant le contexte politique ou idéologique, le stigmate du « contre nature » ou de l'« inauthentique » se combine avec le reproche de l'« occidentalisation », de l'« hérésie », de la « maladie de la modernité », du « péché » ou de la « perversion »[1].

---

1. On peut compter parmi les techniques d'exclusion ou de diffamation les plus notables – il est important de le souligner une nouvelle fois dans ce chapitre – les termes servant à désigner les personnes. Pour beaucoup de ceux qui travaillent sur la question de l'exclusion, qu'ils soient scientifiques ou activistes politiques, le débat politico-linguistique portant sur des désignations adéquates et inclusives est d'une importance existentielle. Les catégories prétendument évidentes comme « masculin/féminin » soulèvent elles aussi un problème éthique et politico-linguistique, parce qu'elles ne font que répéter les assignations et divisions binaires qu'il faudrait précisément critiquer. Il existe à l'heure actuelle une incroyable diversité de variantes ou de propositions linguistiques en quête de termes ou de graphies plus appropriés ; l'une des stratégies consiste par exemple à rendre visibles tous les genres, à travers différentes graphies : la forme double, la barre de fraction, ou le « e » intercalé. L'autre stratégie est celle de la neutralisation, qui évite toute identification du sexe ou de la norme. Ce qu'il m'importe de souligner ici, c'est que les termes « mascu-

La rhétorique du « naturel » ou de l'« authentique » apparaît souvent dans les mêmes contextes : lorsqu'il s'agit de savoir ce qui est « authentiquement » masculin ou « authentiquement » féminin et comment traiter les personnes trans- ou intersexuelles ; quel type de sexualité est jugé « naturel » et comment considérer les personnes homosexuelles, lesbiennes, bisexuelles ou queer ; enfin, et c'est là une question essentielle, lorsqu'il s'agit de savoir ce qu'est une famille « authentique » et quels droits il convient d'accorder à toutes les familles qui se situent en dehors de la tradition hétérosexuelle d'une constellation père-mère-enfant[1].

Pour différentes raisons, le recours à la « naturalité » du sexe s'est révélé, au cours de l'histoire, aussi efficace que lourd de conséquences. La notion du caractère « naturel » des sexes est transmise par la tradition chrétienne et se combine à l'idée d'une intention divine. Ce qui a été créé à la fois par la nature et par la divinité se voit attribuer une

---

lin/féminin » tels qu'ils sont employés dans le texte ne sont pas affirmés comme des réalités objectives, simplement données, mais toujours aussi comme des formes historiquement et culturellement marquées. Qui peut être vu et accepté comme « masculin » ou « féminin » et en vertu de quel droit, voilà précisément ce qui est discuté et thématisé dans ce paragraphe. J'espère que les formulations et les termes que j'emploie seront perçus comme respectueux tout en demeurant compréhensibles.

1. Mes plus sincères remerciements vont à Tucké Royale et Maria Sabine Augstein pour la patience avec laquelle elles ont répondu à mes questions, pour la franchise avec laquelle elles m'ont confié des informations même très personnelles, ainsi que pour leurs critiques fondées et constructives. Les faiblesses ou les erreurs dans le paragraphe suivant relèvent bien entendu de mon entière responsabilité.

valeur particulière et devient intangible. Le sexe « naturel », « authentique » ne peut et ne doit pas être pensé comme autre chose que comme la norme définissant la « norma-lité ». Dans cette perspective, tout le reste, toute variation est disqualifiée comme « contre nature », « malsaine », « non voulue » par Dieu et, par là même, comme « indésirable ».

L'une des stratégies pour s'opposer à cette « normalité » sacralisée des sexes consiste à dénoncer l'affirmation de leur naturalité comme une position idéologique[1], et à souligner au contraire l'importance de la dimension poli-tique et symbolique dans la construction du sexe. La thèse d'une construction sociale du sexe permet l'émergence – éminemment souhaitable – d'espaces de liberté dans la vie politique et dans la définition des normes. Car si le sexe – la « masculinité » ou la « féminité » – n'est pas une donnée physique innée mais le résultat de conven-tions sociales et politiques qui déterminent des façons d'être différentes, alors il est impossible d'en déduire une « normalité » ou une valeur fondamentale.

Toutefois, je ne traiterai pas ici la question de savoir si le sexe d'une personne doit être pensé comme « naturelle-ment » donné ou socialement construit. Je négligerai aussi la question de savoir si la famille nucléaire hétérosexuelle

---

1. Sur la naissance du corps sexué, je me suis référée aux études déci-sives de Claudia Honegger, *Die Ordnung der Geschlechter*, Francfort-sur-le-Main, Suhrkamp, 1991 ; Thomas Laqueur, *Auf den Leib geschrieben*, Francfort-sur-le-Main, Campus, 1992 ; et Barbara Duden, *Geschichte unter der Haut*, Stuttgart, Klett-Cotta, 1991. Sur l'idée du sexe comme manière d'être sociale et culturelle, voir Andrea Maihofer, *Geschlecht als Existenzweise*, Francfort-sur-le-Main, Ulrike Helmer, 1995.

est vraiment, d'un point de vue historique, plus « authentique » que d'autres formes de relation ou de vie, ou si elle n'est pas plutôt une construction fictive. Ce sont là des débats importants et exigeants que je ne pourrais qu'effleurer ici. Je vais m'attacher à une autre problématique. Ce qui m'intéresse, c'est plutôt la question du rapport de la naturalité (ou de l'authenticité) d'un corps, d'un désir, d'une façon de vivre avec la *reconnaissance sociale ou légale*. Autrement dit : en quoi ceux qui croient aux catégories de la « naturalité » et de l'« authenticité » croient-ils vraiment ? Pourquoi, dans un monde post-métaphysique éclairé, le fait qu'une chose soit apparue dans le monde pour la première fois sous une forme donnée devrait-il justifier la prétention à un droit particulier ou à un statut prééminent ? Comment la légitimation du pouvoir est-elle liée à l'idée particulière d'un ordre naturel originel[1] ? Pourquoi, dans un État laïque, une chose devrait-elle avoir plus ou moins de valeur, jouir de plus ou moins de reconnaissance simplement parce qu'elle semble avoir eu cours de cette façon il y a deux mille ans – ou peut-être seulement vingt ? La Loi fondamentale assigne-t-elle réellement une fonction normative à la nature en soi ? À l'ère des cyborgs, de l'imprimante 3D, des innovations biogénétiques et synthétiques, de la reproduction médicalement assistée, à l'ère de l'anthropocène, quel serait le

---

1. Sur cette question, voir « Wie Differenz im Verhältnis zu Macht- und Herrschaftsverhältnissen gedacht werden kann », *in* Quaestio : Nico J. Beger, Sabine Hark, Antke Engel, Corinna Genschel et Eva Schäfer (dir.), *Queering Demokratie*, Berlin, Querverlag, 2000.

concept de naturalité auquel pourraient encore être liées des prétentions légales ? Pourquoi un corps transformé ou indéterminé mériterait-il moins de dignité, moins de beauté ou de reconnaissance ?

*

Une personne transgenre est quelqu'un dont les caractéristiques sexuelles, les chromosomes et les hormones ne correspondent pas au sexe auquel cette personne se sent appartenir. Voilà une description possible. Une autre serait : une personne transgenre est quelqu'un qui ne se sent pas correspondre au genre auquel on l'a assignée. Dans l'une des descriptions, ce sont les caractéristiques physiques innées (ou les chromosomes ou les hormones) qui jouent un rôle. Dans l'autre, la relation entre les caractéristiques physiques et l'appartenance assignée à un genre se voit d'emblée pensée comme discutable ou historiquement contingente[1].

Ceux qui se sentent à leur place et en harmonie avec leur corps natif et leur genre assigné auront peine à le concevoir. Ils se détournent volontiers ou cessent de lire dès qu'ils entendent le mot « trans », voient un astérisque « * » ou un tiret « _ », comme si ces phénomènes ou ces êtres plus rares ne méritaient ni attention ni respect. Comme s'ils n'avaient pas – ou ne devaient pas avoir – suffisam-

---

1. Pour la deuxième version, voir Stefan Hirschauer, *Die soziale Konstruktion der Transsexualität. Über die Medizin und den Geschlechtswechsel*, Francfort-sur-le-Main, Suhrkamp, 1993/2015.

ment d'empathie pour y faire face, alors que beaucoup s'identifient sans difficulté aux personnages plutôt improbables issus de l'univers de Shakespeare, des opéras de Haendel ou des mangas, et suivent sans difficulté leurs histoires. Après tout, rare ne signifie pas étrange ou monstrueux. Rare signifie juste rare. On raconte simplement moins souvent les histoires de ces personnes-là. Or, c'est dans les aspirations et les combats pour la reconnaissance de personnes dotées de particularités ou d'expériences singulières et rares qu'est parfois révélée la vulnérabilité comme *condition humaine*[1] en soi. Ainsi, la vulnérabilité des personnes trans, leur quête de visibilité et de reconnaissance rend précisément tangible l'interdépendance qui nous caractérise tous *en tant qu'êtres humains*. Dans cette mesure, la situation des personnes trans touche et concerne tout le monde. Pas seulement ceux qui vivent et ressentent comme elles. Les droits des personnes trans sont aussi importants que les Droits de l'homme ; pour une pensée universaliste, il va de soi de les fonder et de les défendre.

*

Beaucoup de personnes connaissent sans doute ce sentiment sous une forme atténuée, et pour des raisons très diverses : l'impossibilité de s'identifier à toutes ses qualités ou caractéristiques ; la sensation d'être intérieurement différent de ce qui est extérieurement visible, de ce dont

---

1. En français dans le texte. [N.d.T.]

on vous croit capable ou de ce que l'on vous autorise. La limitation de ses possibilités par les attentes et les assignations extérieures. Il se trouve que, chez les personnes trans, cet écart entre la conviction intérieure, l'apparence extérieure ou le rôle joué concerne l'identité sexuelle. Certaines personnes vivent dans un corps de femme alors qu'elles se perçoivent comme homme, ou vivent dans un corps d'homme alors qu'elles se perçoivent comme femme[1]. D'autres ressentent une nostalgie, une nécessité, une certitude de vouloir (ou de devoir) vivre autrement que sous leur identité sexuelle assignée. D'autres encore portent un prénom depuis leur naissance, mais savent que ce prénom ne correspond pas à leur personnalité réelle, ni à la manière dont elles aimeraient vivre.

Je me représente cela comme une forme extrême de l'agacement que l'on ressent lorsque quelqu'un se trompe sur votre nom ou le prononce mal : on tressaille. Une erreur dans la manière dont on vous appelle ou s'adresse à vous peut susciter une irritation quasi physique, peu importe que cela se produise à dessein ou non[2]. Quelque chose en vous se met à hurler et veut rectifier l'erreur. Cela

1. Pour le décrire d'une manière encore plus précise et peut-être aussi surprenante : il existe des personnes transgenres qui ne ressentent absolument pas leurs caractères sexuels innés comme « erronés » ou « dérangeants ». Elles les trouvent sans doute même beaux et adéquats. Ce qui ne leur convient pas, c'est l'interprétation de ces caractères comme « clairement féminins » ou « clairement masculins ».

2. Cf. aussi Andrea Allerkamp, *Anruf, Adresse, Appell. Figuration der Kommunikation in Philosophie und Literatur*, Bielefeld, transcript, 2005, p. 31-41.

commence par les surnoms qui vous déplaisent ou ne vous correspondent pas. On aimerait les refuser en souriant, même s'ils ont été prononcés avec bienveillance. Dans la rue ou sur les réseaux sociaux, les insultes, les agressions verbales, les injures que l'on vous lance sont encore plus douloureuses. Les mots blessants permettent de déchiffrer la relation particulière existant entre le nom et la réalité, le savoir et le pouvoir[1]. Un nom confirme toujours une existence sociale. La façon dont on s'adresse à moi détermine aussi ma situation dans le monde. Lorsque l'on m'adresse en permanence des mots lourdement connotés ou blessants, ma position sociale s'en voit affectée[2].

Le prénom donné à la naissance aux personnes trans les assigne à un genre qui ne leur correspond pas et constitue une défiguration sociale permanente. Elles doivent répondre à un nom qui nie et qui réfute ce qu'elles vivent. Au quotidien, le prénom (masculin ou féminin) mentionné dans les actes officiels les assigne en permanence à une identité sexuelle non désirée. Les contrôles aux frontières peuvent se révéler plus douloureux parce qu'humiliants, notamment lorsque les personnes trans sont prises à part et interrogées (ou fouillées au corps). Voilà pourquoi il est d'une importance capitale, pour beaucoup de personnes

---

1. Mari J. Matsuda, Charles R. Lawrence III, Richard Delgado et Kimberlé Williams Crenshaw (dir.), *Words that Wound, op. cit.*, p. 5.

2. « Être blessé par un discours, c'est souffrir d'une absence de contexte, c'est ne pas savoir où l'on est », écrit Judith Butler dans *Le Pouvoir des mots. Discours de haine et politique du performatif*, trad. C. Nordmann, Paris, Amsterdam, 2004, p. 23.

trans, d'obtenir un changement d'état civil (qu'il s'agisse du prénom ou du sexe mentionné dans l'acte de naissance).

*

Pour le grand public, Caitlyn Jenner, qui a récemment pu bénéficier d'une intervention chirurgicale, a forgé la représentation de la femme trans en mettant en scène l'image d'une féminité aussi « parfaite » que possible en couverture de *Vanity Fair* (avec des photos d'Annie Leibovitz). Caitlyn Jenner, ou plutôt les photos de Caitlyn Jenner sont associées à l'idée que les personnes trans chercheraient toujours à accomplir la métamorphose esthétiquement la plus parfaite d'une identité sexuelle masculine vers une identité féminine (ou l'inverse). Dans cette lecture, la personne trans ne subvertit pas les stéréotypes socialement dominants, elle confirme au contraire les codes de masculinité et de féminité existants. Mais si l'on considère l'aspect financier, la célébrité de Caitlyn Jenner et l'attention médiatique dont elle est l'objet, son cas n'est en aucune manière représentatif. Cela n'enlève rien au courage dont elle a fait preuve. Mais pour beaucoup de personnes trans, la visibilité publique et la reconnaissance sont infiniment plus difficiles à obtenir en raison de leur appartenance de classe, de leur couleur de peau ou de leur marginalisation sociale. Même si Caitlyn Jenner permet de mettre en lumière de façon spectaculaire la femme trans, les conditions de vie de la plupart des personnes trans sont loin d'être aussi glamour. Aux États-Unis, leur taux de chômage s'élevait en 2013 à 14 % (soit le double du taux de chômage américain moyen) ; 15 % d'entre elles vivent avec un revenu annuel de moins de 10 000 dollars (contre 4 % dans l'ensemble de la population)[1].

Il existe parmi les personnes trans une incroyable diversité d'expériences, de manières d'être et de s'exprimer. Certaines reprennent à leur compte les schibboleths qui passent pour définir les modèles masculins et féminins, d'autres les interprètent ou les subvertissent. Les codes définissant le masculin et le féminin sont recyclés ou tournés en dérision, confirmés ou ignorés, en parlant ou en chantant, par le travestissement (*drag*) ou le *voguing*[2], par la danse ou les vêtements, avec des prothèses péniennes ou en se bandant les seins[3], avec des produits cosmétiques, des barbes, des perruques ou en se rasant – ou sans rien. Il en est qui s'entraînent par tous les moyens à être capables de prononcer ou imiter le fameux « *schi* » de schibboleth, d'autres qui modifient le mot de passe par des processus de *réitération* et transforment, par là même, les mécanismes d'inclusion et d'exclusion.

1. Les chiffres cités sont tirés de Jacqueline Rose, « Who do you think you are ? », in *London Review of Books*, vol. 38, n° 9, 2 mai 2016, http://www.lrb.co.uk/v38/n09/jacqueline-rose/who-do-you-think-you-are.

2. Le *voguing* est une pratique artistique née aux États-Unis et donnant lieu à des performances de danse interprétées lors de concours organisés dans la scène homosexuelle noire ou latino. http://www.lesinrocks.com/2014/07/09/actualite/voguing-balls-danse-contemporaine-11514684/ [N.d.T.].

3. Le mot « packy » désigne divers types de prothèses péniennes. Les « binders » permettent de comprimer la poitrine afin de la rendre moins visible. Merci à Laura Méritt, qui partage son savoir avec autant de générosité que d'humour.

Le désir individuel d'adapter l'appartenance de genre officielle à la conviction intérieure et à la réalité de la vie sexuelle peut être très diversement marqué. Certaines personnes refusent les catégories de genre parce qu'elles ne leur correspondent pas ou parce qu'elles les tiennent pour fondamentalement discutables. Certaines aimeraient être reconnues juridiquement et socialement pour ce qu'elles sont, sans avoir à subir d'opération chirurgicale. Certaines aimeraient correspondre dans tous leurs caractères sexuels primaires et secondaires au genre auquel elles se sentent appartenir. Pour celles qui veulent transformer ou adapter leur identité de genre, il existe différentes voies de *transition*, de la prise d'hormones à l'intervention chirurgicale – là aussi, les possibilités sont multiples. *Trans* peut signifier « de m à f » (ou « de f à m »), mais cela peut aussi signifier « entre f et m » ou « ni f ni m ». Et cela peut signifier que les catégories binaires « f » et « m » ne conviennent pas ou ne suffisent pas. Certaines personnes ne veulent pas se laisser contraindre à un genre ou à un corps « univoques » dans une de ces deux catégories et vivent une autre configuration[1].

Parmi les personnes trans elles-mêmes, la question de la signification politique ou normative des différents moyens de *transition* est largement débattue. Quelles sont les notions de « corporéité » ou de « naturalité » confirmées ou

---

1. Le désir d'adapter son identité sexuelle officielle ou son corps à son ressenti personnel n'a d'ailleurs rien à voir avec l'orientation sexuelle. Comme l'a écrit l'auteure et activiste Jennifer Finney Boylan, la question de la transexualité n'est pas « *avec qui* veux-tu faire l'amour, mais *en tant que qui* ». Cité *in* Jacqueline Rose, « Who do you think you are ? ».

questionnées par leurs pratiques ou leurs décisions ? Une opération d'« adaptation sexuelle » peut-elle être considérée comme la « mutilation » d'un corps « naturel » ? Ou ne fait-elle que corriger quelque chose pour lui donner une forme adéquate ? Les corps ne sont-ils pas d'ores et déjà, et depuis longtemps, les produits d'interventions biochimiques, médicales et technologiques, ce qui rendrait la notion de corps authentique et intact absurde ? Pouvoir se modeler, s'apprêter, se transformer, est-ce une forme de la liberté subjective ? S'agit-il d'une version émancipatrice du souci de soi ? Ou doit-on considérer qu'une thérapie hormonale constitue une alliance problématique avec l'industrie pharmaceutique, qui tire profit du fait que les États veulent réglementer et discipliner la jouissance et le corps humain ?

Dans quelle mesure ceux qui souffrent de l'assignation à des normes sexuelles ou qui les remettent en question confortent-ils finalement ces normes ? L'homme trans Paul B. Preciado écrit à propos de ces questions politiques débattues dans son cercle d'amis : « Je sais qu'ils vont me juger pour avoir pris de la testostérone. […] Parce que je vais devenir un homme parmi les hommes, parce que j'étais bien quand j'étais une fille. » Certaines personnes trans veulent précisément cela : devenir un homme ou une femme « comme les autres ». Pour d'autres il s'agit de se soustraire à ces modèles, à ces injonctions concernant ce qui doit être masculin ou féminin. Il serait d'ailleurs intéressant de savoir quels sont les *effets* réels d'une hormonothérapie. S'assimile-t-on automatiquement, lorsque l'on commence à prendre des hormones, aux rôles sexuels dominants ? Comment la prise d'hormones agit-elle sur le sujet ? Transforme-t-elle effectivement la personne, ou influence-t-elle ce que les autres pensent d'elle ? On peut y apporter une réponse médicale : l'élévation du niveau de testostérone dans un corps habitué à un métabolisme basé sur la production d'œstrogènes fonctionne comme une sorte de reprogrammation. « La moindre modification hormonale affecte la totalité des fonctions du corps : l'envie de manger et de baiser, la régulation de la circulation sanguine et l'assimilation des minéraux, le rythme biologique de régulation du sommeil, la capacité d'effort physique, le tonus musculaire, le métabolisme, le sens de l'odorat et du goût. En définitive, toute la physiologie chimique de l'organisme[1]. » Mais le résultat est-il automatiquement « masculin » ? Ou bien le « masculin » est-il un ensemble de caractéristiques chromosomiques et génitales, mais aussi de gestes, de pratiques et d'habitudes que l'on désigne, par convention, comme étant le « masculin » ?

*

Pour ceux qui optent pour une transition, cette voie recèle d'innombrables obstacles, personnels ou extérieurs[2]. Parmi les premiers se trouve l'incertitude : dans quelle

---

1. Paul B. Preciado, *Testo Junkie. Sexe, drogue et biopolitique*, Paris, Grasset & Fasquelle, 2008, p. 129.
2. Cf. la contribution de Julian Carter, « Transition », in *Posttranssexual. Key Concepts for a Twenty-First Century Transgender Studies*, TSQ, vol. 1, n° 1-2, mai 2014, p. 235 *sq*.

mesure le grain de peau, le son de la voix, l'apparence extérieure et la jouissance seront-ils modifiés ? « J'attends les effets de cette drogue, sans savoir exactement ce qu'ils seront, ni comment ou quand ils se manifesteront », écrit Paul B. Preciado à propos de sa décision de prendre de la testostérone pour la première fois[1]. Opter pour une transition signifie toujours s'engager dans un processus dynamique, incertain, au risque, peut-être, de se perdre soi-même. Même si une transition n'est en rien illégale, même si elle se déroule sous contrôle médical et administratif, le cheminement est aussi tabou que fragile. « Quand je décide de prendre ma première dose de testostérone, je n'en parle à personne, comme s'il s'agissait d'une drogue dure », écrit Paul B. Preciado, « j'attends d'être seule chez moi pour l'essayer. J'attends que la nuit tombe. Je sors un sachet de la boîte en verre, et je la referme aussitôt, pour être sûr qu'aujourd'hui, pour ma première fois, je ne consommerai qu'une seule et unique dose. J'ai à peine commencé et je me comporte déjà comme si j'étais accro à une substance illicite. Je me cache, je me surveille, je me censure, je me retiens »[2].

Parmi les obstacles d'ordre personnel figure aussi la crainte d'un manque de reconnaissance sociale, l'inquiétude face aux questions incessantes des autres, ou aux explications qu'il faudra sans doute fournir pour rendre la transformation compréhensible aux proches et aux collègues. D'un côté, il est légitime que l'environnement social

1. Paul B. Preciado, *Testo Junkie*, *op. cit.*, p. 60 *sq.*
2. *Ibid.*, p. 52.

souhaite comprendre ce processus et il peut poser des questions tout à fait bienveillantes. Devoir appeler autrement une personne qui vous était jusque-là connue sous un nom différent constitue bien entendu un changement. Il faudra sans doute un certain temps pour que le nouveau nom devienne aussi évident et familier que le précédent. Peut-être y aura-t-il quelques ratés, par habitude ou par maladresse. C'est compréhensible. Voilà pourquoi ces questions sont sans doute utiles pour mieux comprendre le processus. Mais d'un autre côté, il peut être pénible pour les personnes concernées de devoir sans cesse parler de leur propre *transition*. Parfois, elles aimeraient simplement être perçues, au-delà de ce fait, comme des individus qui jouent peut-être de la batterie, élèvent un enfant ou travaillent comme avocate. Parmi les obstacles intérieurs se trouve certainement aussi la peur de la douleur des interventions chirurgicales. Une *transition* n'est pas un acte isolé, une seule « correction » ; c'est une longue succession d'interventions qui peuvent être douloureuses et complexes.

*

Parmi les obstacles extérieurs à une *transition* se trouvent surtout les écueils bureaucratiques, financiers, psychiatriques et juridiques qui précèdent une adaptation sexuelle. En Allemagne, c'est la « loi sur les transsexuels » (TSG) qui, depuis 1981, définit pour les personnes trans les possibilités juridiques d'être reconnues dans l'orientation de genre dont elles se sentent relever[1]. La « loi portant sur les modifications de prénoms et l'établissement de l'identité sexuelle dans des cas particuliers » définit les conditions qui doivent être remplies pour que puisse être répondu au souhait d'adaptation du prénom à l'appartenance de genre (petite solution), ou au souhait de changement de la mention du genre dans l'acte de naissance, autrement dit le changement d'état civil (grande solution). Après de nombreuses modifications, la loi n'exige plus une opération de changement de sexe comme condition pour obtenir une modification de la mention du sexe dans le registre de naissances. Ce qui importe surtout, c'est que la personne qui formule la demande de changement d'état civil « *ne se sente plus appartenir* (c'est moi qui souligne), en raison de sa tendance transsexuelle, au sexe indiqué dans son acte de naissance[2] ». Ainsi, ce qui est décisif, ce n'est plus la naturalité ou l'univocité d'un corps, quelle qu'en soit la définition, ce n'est pas le fait que le corps corresponde dans toutes ses caractéristiques au rôle sexuel vécu. Ce qui est décisif, c'est de savoir si la personne s'identifie ou non avec l'identité sexuelle indiquée. À travers une série de décisions de la Cour constitutionnelle fédérale s'est peu à peu imposée la conviction que seule l'identification psychique ou émotionnelle devait être prise en compte, et non l'aspect physique. Dans une décision du 11 janvier 2011, le Premier

1. Voir le texte de la loi ici : http://www.gesetze-im-internet.de/tsg/BJNR016540980.html.

2. *Ibid.* Un ajout mentionne que « l'on peut supposer, selon toute vraisemblance, que leur sentiment d'appartenance à l'autre sexe ne changera plus ».

Sénat de la Cour constitutionnelle statuait ainsi : « Depuis l'entrée en vigueur de la loi sur les transsexuels, de nouvelles connaissances sur la transsexualité ont été acquises. [...] Les transsexuels vivent dans la conscience irréversible et permanente d'appartenir au sexe auquel ils n'ont pas été assignés à leur naissance, en raison de leurs caractères sexuels extérieurs. Leur orientation sexuelle peut, comme chez les non-transsexuels, être hétéro- ou homosexuelle[1]. »

Malgré ces évolutions, le libre développement de la personnalité tel qu'il est garanti par la Loi fondamentale ne va pas de soi, à ce jour, pour les personnes transsexuelles. Leur droit à l'autodétermination reste limité. Dans de nombreux domaines, l'individu dispose souverainement de son propre corps. Il est permis d'employer des drogues synthétiques, d'atteindre, grâce à la chirurgie esthétique, son propre idéal de beauté, il est permis d'augmenter son corps ou d'en remplacer des parties à l'aide d'innovations médicales ou de prothèses. On peut recourir à la fécondation *in vitro*, traiter les blessures et les mutilations les plus graves à l'aide de la chirurgie reconstructrice – tout cela fait partie depuis longtemps du quotidien médical et esthétique. Mais la question du libre développement de la personnalité des trans continue d'être administrativement plombée par des règlements et des contraintes biopolitiques. Vu le nombre de spécialistes impliqués – thérapeutes, experts et médecins –, le sociologue Stefan Bauer parle du « changement de sexe comme accomplissement professionnalisé ».

---

1. https://www.bundesverfassungsgericht.de/entscheidungen/rs20110111_1bvr329507.html.

L'administration réclame notamment une enquête sur la réalité de la transsexualité. Le tribunal d'instance a l'obligation de faire établir deux expertises dans lesquelles des psychiatres désignés certifient que le sentiment d'appartenance de la personne trans ne changera plus. Ces expertises ne se contentent pas simplement, comme le prévoit la loi, de juger si une personne *se sent appartenir* à l'autre sexe ; elles considèrent la transsexualité comme une maladie et un « dysfonctionnement[1] ». La classification de la « transsexualité » selon le CIM-10[2] (*International Statistical Classification of Diseases and Related Health Problems*, ICD) de l'OMS est à cet égard décisive. Au chapitre V sections F00-F99 du CIM-10 sont listés des troubles psychiques et du comportement, parmi lesquels des « troubles de la personnalité et du comportement » de F60 à F69. Pourquoi ? Pourquoi une personne trans devrait-elle être classée comme ayant des troubles du comportement ? La Cour constitutionnelle fédérale allemande ne prévoit pas ce type de classification. Il est simplement exigé qu'une personne se sente appartenir à l'autre sexe, et que ce sentiment soit durable. Pour cela, il n'est pas nécessaire qu'une personne soit définie comme « malade », ni son ressenti comme « contre nature ». Beaucoup de personnes trans déplorent que ces deux expertises psychiatriques ne soient

1. Pour une discussion critique de la pathologisation des personnes trans, voir Diana Demiel, « Was bedeuten DSM-IV und ICD-10 », *in* Anne Alex (dir.), *Stop Trans*Pathologisierung*, Neu-Ulm, Verein zur Förderung der sozialpolitischen Arbeit, 2014, p. 43-51.
2. Classification internationale des maladies, 10ᵉ révision, publiée par l'OMS. [N.d.T.]

pas suffisantes pour les demandes de modification de l'état civil : au cours de ces entretiens, elles doivent aussi présenter le récit le plus crédible possible de leur souffrance. Certaines personnes décrivent cette souffrance comme une vie dans le « mauvais corps ». D'autres expliquent qu'elles perçoivent leur corps comme socialement inacceptable. Mais si quelques-unes acceptent le principe d'une classification parmi les maladies parce qu'elles ont réellement ressenti la vie avant leur (re-)naissance dans un autre corps et sous un autre nom comme terriblement douloureuse, pour beaucoup d'autres cette catégorisation représente une « pathologisation » inacceptable. Elles se défendent, et on peut aisément le comprendre, contre une stigmatisation en tant que « détraqués » – stigmatisation à laquelle elles doivent de surcroît contribuer pendant le déroulement de l'expertise psychiatrique, si elles veulent obtenir le certificat requis.

Dans *L'Étreinte fugitive*, l'auteur et critique Daniel Mendelsohn explique que son étude des langues anciennes l'a particulièrement marqué. Il existe en grec ancien une tournure syntaxique structurée par les mots *men* et *de*[1], qui pourrait se traduire par « d'une part » et « d'autre part ». Les Grecs *men* se ruaient en avant ; les Troyens *de* résistaient. On peut de cette manière lier des phrases exprimant une opposition. Mendelsohn décrit comment cette structure « d'une part-d'autre part » a progressivement façonné sa pensée. « Si vous passez suffisamment de temps à lire de la littérature grecque, ce rythme commence

---

1. Construction : μέν… δέ (prononcer *mén… dê*). [N.d.T.]

à structurer votre pensée concernant d'autres choses. Le monde *men* dans lequel vous êtes né, le monde *de* dans lequel vous choisissez de vivre[1]. »

La pensée du masculin-féminin opère le plus souvent dans le cadre de cette structure des opposés, d'un « ou bien, ou bien ». Peu importe ce que l'on entend par « masculin » ou « féminin » dans un contexte historique ou une culture donnée : il est nécessaire que les contours et les limites prétendument « naturels » et « authentiques » de ces catégories restent nettement définis, que les différences essentielles restent discernables et qu'elles confirment l'ordre social. L'affirmation de la naturalité des sexes s'accompagne toujours de la revendication de leur immuable *univocité*[2].

Si cette univocité fait défaut, si une personne contredit (par son corps ou sa manière d'accomplir son rôle sexuel)

---

1. Daniel Mendelsohn, *L'Étreinte fugitive*, trad. P. Guglielmina, Paris, Flammarion, 2009, p. 46. Le texte original est le suivant : « *If you spend along enough time reading Greek literature that rhythm begins to structure your thinking about other things, too. The world men you were born into ; the world de you choose to inhabit.* »

2. Le discours des nouvelles droites, en particulier, exige cette univocité : « Dans cette perspective, le sexe fonctionne comme un marque-place social à l'intérieur de la construction strictement anti-individualiste et autoritaro-hiérarchique de la "communauté nationale". Les projets de masculinité(s) et de féminité(s) sont mis au service de la cohésion interne de la communauté. » Juliane Lang, « Familie und Vaterland in der Krise. Der extrem rechte Diskurs um Gender », *in* Sabine Hark et Paula-Irene Villa (dir.), *Anti-Genderismus. Sexualität und Geschlecht als Schauplätze aktueller politischer Auseinandersetzungen*, Bielefeld, transcript, 2015, p. 169.

l'appartenance sexuelle à laquelle elle a été assignée à la naissance ou si elle contredit la catégorisation en sexes opposés, elle continue à être suspectée de trouble psychique. Ce n'est plus seulement le corps d'une personne qui est supposé avoir été « originel » ou « naturel », mais la structure de la pensée en *men* et *de*. Les personnes qui ne correspondent pas à cet ordre sont déclarées « malades » par une expertise[1].

Le problème de la « pathologisation » des personnes trans n'a pas seulement des conséquences juridiques et normatives en relation avec la reconnaissance et le changement d'état civil souhaités. Cette stigmatisation retire aussi aux personnes trans la protection politique et sociale dont elles ont besoin, et qu'elles méritent autant que n'importe quel être humain. Les personnes trans se trouvent exclues et isolées par cette classification qui les considère non seulement comme des personnes s'écartant de la norme, mais surtout comme des « malades ». Il est malheureusement fréquent que le mépris et la violence auxquels les personnes trans sont particulièrement exposées dans leur quotidien prennent prétexte de cette dévalorisation sociale[2]. Cette

---

1. Curieusement, les personnes trans doivent financer elles-mêmes les expertises psychiatriques exigées par les tribunaux. Par contre, dès lors que l'expertise a attesté le diagnostic de « transsexualité », le traitement hormonal est pris en charge par l'assurance maladie. Or si le législateur classe la « transsexualité » parmi les maladies, l'expertise réclamée par les tribunaux devrait être remboursée par l'assurance maladie.

2. Sur le manque de sensibilisation aux violences exercées sur les personnes « non-conformes » sous l'aspect du genre, voir Ines Pohlkamp, *Genderbashing. Diskriminierung und Gewalt an den Grenzen der Zweigeschlechtlichkeit*, Münster, Unrast, 2014.

prétendue « maladie » sert de justification bienvenue aux sarcasmes et à la haine, aux violences physiques ou aux agressions sexuelles de la part de personnes ou de groupes hostiles aux trans.

Comme l'a douloureusement montré une nouvelle fois l'attentat d'Orlando en juin 2016, l'expérience de la vulnérabilité est ce qui unit lesbiennes, homosexuels, bisexuels, transgenres, intersexuels et *queers*[1]. Quelles que soient nos différences par ailleurs, aussi singuliers que nous soyons en tant qu'individus, nous avons en commun le sentiment de la vulnérabilité : devoir continuer à craindre les vexations et les agressions dans l'espace public, ne jamais être sûrs de ce que nous risquons, nous qui aimons, désirons ou nous présentons *un peu* autrement que la majorité qui impose la norme, devoir toujours anticiper une exaction, toujours garder présent à l'esprit ce que nous continuons d'être, objets d'exclusion et de haine. « Les lieux gays sont hantés par l'histoire de cette violence », écrit Didier Eribon dans son très beau livre de souvenirs *Retour à Reims*, « chaque allée, chaque banc, chaque espace à l'écart des regards portent inscrits en eux tout le passé, tout le présent et sans doute tout le futur de ces attaques »[2].

Le *Trans Murder Monitoring Project*[3] a publié le 17 mai 2016, lors de la « Journée internationale contre l'homophobie, la transphobie et la biphobie », les chiffres suivants :

---

1. Sur ce thème, voir aussi : http://www.sueddeutsche.de/politik/kolumne-orlando-1.3038967.
2. Didier Eribon, *Retour à Reims*, Paris, Flammarion, 2010, p. 221 *sq.*
3. Projet de recensement d'homicides sur les personnes trans. [N.d.T.]

à cette date, pour la seule année 2016, 100 personnes trans et *genderdiverse* avaient été assassinées à travers le monde. Du début des observations en janvier 2008 jusqu'au 30 avril 2016, ce sont 2 115 personnes qui sont mortes dans 65 pays suite à des violences homo-, trans- ou bi-phobes, dont 1 654 rien qu'en Amérique du Sud et Centrale. Pour l'année 2014, l'OCDE recense, dans ses « statistiques sur les crimes motivés par la haine », sous la rubrique « Crimes motivés par la haine contre les personnes LGBT » comptabilisés par la police, 129 cas, soit nettement moins que de crimes antisémites (413) ou racistes (2 039). Cependant, ces chiffres attirent aussi l'attention sur tous les cas qui n'ont pas été suivis d'un dépôt de plainte auprès de la police, mais ont été recensés et consignés par des acteurs de la société civile : alors que pour la même année on dénombrait 47 agressions à caractère raciste, il y en avait eu 118 contre des personnes LGBT[1].

Pour les personnes trans et intersexuelles, l'expérience de la haine et des sévices est particulièrement brutale. Elles sont encore bien plus exposées à la discrimination et à la violence que les homosexuels ou les lesbiennes, notamment parce que très peu de lieux publics leur sont ouverts et leur offrent une protection[2]. Dans les piscines, les ves-

---

1. http://hatecrime.osce.org/germany?year=2014.
2. Il est également nécessaire, lorsque l'on décrit les violences faites aux personnes trans, de tenir compte des risques particuliers auxquels sont exposées les personnes trans de couleur ou non-blanches. L'hostilité aux personnes trans forme avec le racisme une alliance redoutable, et cette double vulnérabilité doit être prise en compte. Les sept femmes trans

tiaires sportifs ou les toilettes publiques, elles risquent sans cesse d'être exclues ou blessées. L'agressivité particulière à laquelle les personnes trans et intersexuelles sont exposées tient souvent au fait que les individus ou les groupes transphobes ne supportent pas l'ambiguïté ou l'ambivalence[1]. Mais la perception d'une chose comme « ambiguë » ou « ambivalente » est directement liée au faible nombre de catégories disponibles. Ceux qui méprisent les personnes trans s'abritent souvent derrière l'affirmation que leur propre virilité ou féminité est mise en danger ou dévalorisée par l'ambiguïté des rôles sexuels des personnes trans. Curieux argument, dans la mesure où les personnes trans n'exigent pas une modification de l'identité sexuelle des autres. Elles interrogent seulement les conditions qui conduisent à restreindre leur propre droit au libre épanouissement de la personnalité.

*

qui furent assassinées aux États-Unis durant les sept premières semaines de l'année 2015 étaient toutes des *people of colour*. Leur vulnérabilité spécifique est souvent liée au fait que beaucoup de *people of colour* sont particulièrement marginalisés, n'ont pas de travail et sont par conséquent contraints à la prostitution. Dénués de droits, ils sont encore davantage exposés aux violences les plus brutales.

1. Très souvent, la violence contre les trans est « justifiée » par le fait que l'auteur des violences ait été « trompé » par la personne trans sur son sexe. La victime se voit ainsi, de surcroît, rendue responsable des violences qu'elle a subies. Sur ce schéma de justification des violences contre les trans, voir Talia Mae Bettcher, *Evil Deceivers and Make-Believers*, *in* Susan Stryker, Aren Z. Aizura (dir.), *The Transgender Studies Reader*, vol. 2, New York, Routledge, 2013, p. 278-290.

La question de l'accès aux toilettes pour les personnes trans a récemment suscité la controverse aux États-Unis. Onze États ont porté plainte contre le gouvernement Obama parce que celui-ci avait ordonné aux écoles fédérales de laisser les personnes trans libres du choix des toilettes correspondant à leur identité sexuelle ressentie, indépendamment de l'appartenance sexuelle indiquée dans leur acte de naissance. Certains États ont protesté, affirmant que le gouvernement « voulait transformer les lieux de travail et les institutions culturelles en laboratoires pour une expérimentation sociale à grande échelle[1] ». Si l'on considère la protection physique et juridique des minorités face à la discrimination et la violence comme une « expérimentation sociale massive », alors l'accusation est fondée.

Il est étonnant de voir la hargne et le zèle de ceux qui se mobilisent pour éviter que des personnes dont le sexe « d'origine » ne correspond plus à celui qu'elles vivent n'obtiennent leur « petit coin ». On reproche souvent aux partisans de la modification de la signalisation des toilettes ou de leur ouverture aux personnes trans le ridicule d'une position qui fait dépendre leur émancipation d'une chose aussi futile. Passons sur l'étonnante sous-estimation de l'importance des toilettes ; mais si cette question était aussi insignifiante qu'on l'affirme, elle devrait pouvoir être tranchée avec flegme et générosité.

---

1. http://www.dw.com/de/transgender-toilettenstreit-in-usa-auf-neuemhöhe-punkt/a-19283386.

Qu'y aurait-il de compliqué à cela ? Une société ouverte et équitable se distingue par sa capacité à apprendre : cela ne signifie pas seulement qu'elle se mobilise et développe des solutions pour résoudre des problèmes écologiques et économiques, mais aussi qu'elle interroge les critères selon lesquels elle autorise la participation à la vie sociale et politique. Une société susceptible d'apprendre se distingue par le fait qu'elle s'assure que tous ses membres bénéficient des mêmes opportunités et de la même protection, et qu'il n'y a pas de barrières visibles ou invisibles faites de tabous ou de schibboleths idéologiques. Dans cette perspective, il convient d'examiner non seulement les lois et leur application, mais aussi les obstacles matériels ou médiatiques. Avec un peu de curiosité mâtinée d'autocritique et d'ironie, cela devrait être possible.

Il existe, et c'est très bien ainsi, des informations en langue des signes, des programmes télévisés avec des sous-titres pour malentendants, des accès pour personnes à mobilité réduite dans les gares et les établissements publics ; la plupart des restaurants sont soucieux de tenir compte de la moindre intolérance alimentaire – et il serait impossible que les personnes trans utilisent des toilettes qui leur sont adaptées ? Le fait de tenir compte de besoins culturels, sanitaires ou religieux différenciés va de soi dans nos sociétés. Cela ne nécessite pas beaucoup de réflexion et d'énergie, juste quelques investissements financiers lorsque des modifications matérielles ou architecturales sont nécessaires. Il devrait être naturel de garantir des lieux sûrs pour les personnes trans tant dans les piscines et les écoles que dans les prisons, les centres d'accueil pour réfugiés et les centres de rétention. En mars 2016, Human Rights Watch a publié sous le titre *Do you see how much I'm suffering here*[1] un rapport sur les maltraitances infligées aux femmes trans détenues dans des prisons et des centres de rétention pour hommes aux États-Unis[2]. Ce rapport montre comment des femmes trans refugiées sont incarcérées non pas dans des prisons pour femmes mais, en raison du sexe « originel » qui leur a été assigné à la naissance, dans des établissements pour hommes. Non seulement elles y subissent des fouilles au corps (conduites par du personnel masculin), mais elles sont aussi régulièrement victimes de violences. Le personnel de ces établissements ayant lui-même constaté à quel point les femmes trans étaient violentées et tourmentées dans cet environnement, elles sont souvent placées en cellules d'isolement, « pour leur propre sécurité ». Une méthode cruelle, habituellement employée pour punir les détenus, transmuée, par « prudence », en une manière de protéger les personnes trans.

*

Cette réglementation et cette discipline étatique et sociale seraient donc nécessaires parce que le corps et le sexe doivent être fixés par les catégories de la « naturalité » et de l'« authenticité » ? Toutes ces souffrances indivi-

---

1. Vous voyez combien je souffre ici ? [N.d.T.]
2. https://www.hrw.org/report/2016/03/23/do-you-see-how-much-imsuffering-here/abuse-against-transgender-women-us#290612.

duelles et collectives, toutes ces discriminations, toute cette « pathologisation » seraient socialement acceptables, simplement parce qu'un ordre originel ne doit pas être dérangé ? Quelle est l'autorité ainsi attribuée à une nature supposée statique, qui ne serait intangible que lorsqu'il s'agit de stigmatiser les personnes trans comme Autres ?

L'article 2 de la Loi fondamentale garantit en Allemagne *le droit au libre épanouissement de la personnalité*, à la vie, à *l'intégrité physique* et protège la *liberté de la personne*. Il n'y est pas mentionné : garantit « à demi le libre épanouissement de la personnalité », ou : garantit « le libre épanouissement de la personnalité uniquement pour ceux qui s'en tiennent au sexe qui leur a été attribué à la naissance » ; et encore moins : garantit « la liberté uniquement pour les personnes qui correspondent aux représentations traditionnelles de virilité et de féminité "naturelles" ». Il y est écrit : « Le droit au libre épanouissement de la personnalité. » Il n'est écrit nulle part qu'une personne n'a pas le droit de se transformer ou d'évoluer. Au contraire, la Loi fondamentale garantit précisément la liberté d'action de l'individu dans la mesure où elle n'entrave pas la liberté d'autrui. La Loi fondamentale appartient à tous, pas seulement à la majorité. Et elle est au service de tous, même de ceux qui dévient par rapport à la majorité, quelle qu'en soit la manière.

*

Ce n'est pas aux personnes trans de donner la raison pour laquelle elles veulent être reconnues comme les autres. Ce n'est pas aux personnes trans d'expliquer qu'elles peuvent prétendre aux mêmes droits individuels, à la même protection de la part du législateur, au même accès à l'espace public que d'autres personnes. Ce n'est pas aux personnes trans de justifier la manière dont elles souhaitent vivre. Ce n'est pas aux personnes trans de dire qu'elles peuvent prétendre au libre épanouissement de leur personnalité, c'est à tous ceux qui veulent leur dénier ce droit de se justifier. Il est temps que la « Loi sur les transsexuels » soit révisée pour que le droit à l'auto-détermination des personnes trans s'applique sans expertise préalable. La solution la plus adéquate serait celle d'une simple demande, comme c'est le cas en Argentine et au Portugal. Il devrait être possible de déclarer son souhait de changement dans un bureau d'état civil. Le changement d'état civil pourrait alors être simplement confirmé par un certificat[1].

« Ce qui est intéressant dans cette particularité du grec, c'est que la séquence *men...*, *de...* n'est pas nécessairement contradictoire, écrit Daniel Mendelsohn. Parfois – souvent –, elle relie simplement deux notions, deux quantités ou deux noms, en les rapprochant plutôt qu'en les séparant, en les multipliant plutôt qu'en les divisant[2]. »

---

1. Dans le cas où la personne concernée souhaiterait une mise en adéquation par intervention chirurgicale, une expertise serait également souhaitable, dans le but d'une prise en charge par l'assurance maladie. Mais ce point est discuté : pour certains, l'idée d'une pathologisation est inacceptable, pour d'autres c'est l'aspect financier qui prime.

2. Daniel Mendelsohn, *L'Étreinte fugitive*, op. cit., p. 46 *sq*.

D'une structure qui semblait organiser une opposition naît une forme où se développent de multiples liens et correspondances : voilà qui devrait donner lieu à une prise de conscience. Personne ne perd quelque chose, personne ne se voit retirer quelque chose, personne n'est obligé de se transformer lorsqu'une société accorde *aussi* aux personnes trans le droit de s'épanouir librement. Aucun individu, aucune famille ne se verra empêché de vivre selon ses propres idées de virilité ou de féminité. Il s'agit simplement de doter les personnes trans en tant que personnes saines, vivantes et libres des mêmes droits individuels et des mêmes protections que tous les autres. Cela n'empiète sur les droits de personne, cela ne méprise personne, mais élargit au contraire l'espace dans lequel nous pouvons vivre tous ensemble, libres et égaux. C'est le moins que l'on puisse faire. Il ne doit pas être laissé à la charge des personnes trans de réclamer leur droit au libre développement de la personnalité. Il n'est pas concevable que ceux qui sont exclus ou méprisés doivent lutter seuls pour leur liberté ou leurs droits. Tout le monde a intérêt à ce que la même liberté et les mêmes droits soient accordés à tous.

Pur

> « Ils en ont la tête remplie : d'envie de détruire et de la
> certitude d'être impunis[1]. »
>
> Klaus Theweleit

Pour affirmer la supériorité de son groupe et le distinguer des Autres, une stratégie alternative consiste à élaborer
des récits qui mettent en avant sa « pureté ». Le schibboleth
sépare ceux qui sont prétendument « sans taches » des
autres, désignés comme « sales ». Quiconque est déclaré
malpropre ou impur se retrouve exclu et puni. C'est ce
genre de propagande de la pureté que le djihadisme salafiste, le programme idéologique du réseau terroriste dit
« État islamique », répand et tente de renforcer.

Pourquoi se donner la peine d'examiner la doctrine
d'un groupe terroriste ? Ne suffit-il pas de savoir qu'ils
commettent des assassinats ciblés et arbitraires à Beyrouth
ou Tunis, à Paris ou Bruxelles, à Istanbul ou Raqqa ?
Ne suffit-il pas de se remémorer les meurtres atroces
d'enfants à Toulouse, qui furent tués uniquement parce

---

1. Klaus Theweleit, *Das Lachen der Täter*.

qu'ils étaient juifs ? Ou les assassinats dans un supermarché kascher à Paris ? Ou au Musée juif de Bruxelles ? Tous commis parce que les victimes étaient juives ? Ne suffit-il pas de se souvenir de l'attentat contre la rédaction de *Charlie Hebdo*, où des personnes furent tuées parce qu'elles dessinaient et croyaient à la liberté de la critique et de l'humour, même lorsqu'ils en offensaient certains ? Ou du massacre du Bataclan, où des jeunes gens musulmans, juifs, chrétiens, athées furent assassinés parce qu'ils voulaient sortir et écouter de la musique, dans une salle qui avait eu auparavant des propriétaires juifs[1] ? Ou du massacre sur une plage de Tunis, où des touristes furent visés au hasard et sans distinction ? Ou du meurtre d'un agent de police et de sa femme à Magnanville ? Ne suffit-il pas de savoir que des Yézidies irakiennes et syriennes sont réduites en esclavage et torturées ? Que des homosexuels irakiens et syriens sont exécutés en étant précipités du haut des murs parce qu'ils aiment ou désirent autrement[2] ?

L'idéologie joue-t-elle encore un rôle ici ? Il s'agit là de terreur répandue par une bande de criminels qui ressemble aux cartels mafieux des narcotrafiquants au Mexique (par sa brutalité, sa pratique de l'enlèvement ou du chantage, l'utilisation des médias pour diffuser l'angoisse et la peur, par son aspect international). Est-il encore besoin d'analyser la rhétorique de leur programme ? Après les attentats

1. Selon certains commentateurs, ce fait aurait motivé le choix du Bataclan comme cible de l'attentat : http://www.lepoint.fr/societe/le-bataclan-une-cible-regulierement-visee-14-11-2015-1981544_23.php.
2. En réalité, on ignore s'ils ont vraiment des amours homosexuelles ou si celles-ci leur sont simplement attribuées.

de Paris, le président Obama a qualifié leurs auteurs de « bande d'assassins sachant utiliser les réseaux sociaux ». Ne risque-t-on pas la banalisation à s'occuper des dogmes d'une organisation qui promeut le meurtre dans le monde entier ?

Will McCants, directeur du projet « Relations des États-Unis au monde musulman » au Brookings Institute, est l'un des meilleurs analystes du mouvement État islamique. Il écrit : « Bien que je m'occupe depuis dix ans de la mouvance djihadiste, je continue à être étonné et horrifié de sa capacité à amener des individus à ravir la vie à des innocents[1]. » Il est indispensable de comprendre comment des personnes peuvent être convaincues d'en tuer d'autres ; comment elles sont préparées à ne plus voir dans les êtres humains d'autres humains ; quels schémas de haine doivent être élaborés pour qu'elles puissent, sans hésiter, torturer et assassiner hommes, femmes et enfants ; comment elles sont entraînées à ôter la vie à d'autres et à sacrifier la leur pour une finalité prétendument plus élevée – ou pour un public qui partage leurs idées et se repaît de l'obscène spectacle de la violence.

On fait comme si, s'agissant de l'État islamique, rien de tout cela ne pouvait plus surprendre. Les attentats sont unanimement condamnés, mais l'étonnement devant le fait que des êtres humains puissent être amenés à assassiner

---

1. http://time.com/4144457/how-terrorists-kill/. Citation originale : « *Although I have studied jihadist culture for a decade, I am still astounded and dismayed by its ability to inspire individuals to take innocent life.* »

sans aucun scrupule décroît. Comme si le nombre des attentats commis par l'État islamique expliquait une certaine habitude. Comme s'il suffisait de dire : c'étaient des membres de l'État islamique, pour expliquer comment des personnes sont endoctrinées dans la haine et peuvent être amenées à en considérer d'autres comme sans valeur. Mais cette façon de voir les choses banalise le mal et fait de la terreur de l'État islamique une loi de la nature suivant un déroulement automatique, qui n'aurait jamais eu de commencement.

La haine et la violence, même islamiques, ne sont pas simplement là. Elles ne sont pas intrinsèquement musulmanes. Elles sont *fabriquées*. Par une organisation terroriste à l'idéologie totalitaire. Certes, les stratèges terroristes se réfèrent aux textes islamiques, mais leur interprétation pseudo-rigoriste, qui fait l'apologie de la violence, est contredite par la quasi-totalité des théologiens musulmans. Dans une lettre ouverte aux adeptes de l'État islamique, 120 théologiens musulmans critiquaient en 2015 l'idéologie de l'État islamique comme étant clairement *non-islamique*. Parmi les signataires figuraient le grand mufti d'Égypte, le cheikh Shawki Allam, ainsi que le cheikh Ahmed Al-Kubaisi, le fondateur de l'Union des ulémas en Irak ; des théologiens du Tchad, du Nigeria, du Soudan et du Pakistan[1]. Les stratèges de l'État islamique font dire ce qu'ils veulent à leurs sources et références. Ils citent des phrases isolées, sans lien avec leur contexte. Ils défigurent

---

1. Cf. Katajun Amirpur *in* https://www.blaetter.de/archiv/jahrgaenge/2015/januar/» islam-gleich-gewalt «.

et pervertissent l'islam dans leur exégèse ; les théologiens musulmans sont d'accord sur ce point.

La violence de l'État islamique n'éclate pas soudainement. Les marionnettes exécutantes, toutes ces personnes qui ont été manipulées pour commettre des attentats-suicides ou partir faire la guerre en Syrie ou en Irak, ont dû être endoctrinées de manière à ne plus distinguer dans les autres que des ennemis que l'on peut tuer sans risquer de châtiment. Les formes dans lesquelles la haine se répand, contre les femmes, contre les juifs, contre les homosexuels, contre les chiites et tous les musulmans considérés comme hérétiques, ces formes sont élaborées dans d'innombrables écrits et vidéos, dans des sermons et des poèmes, et diffusées sur Internet et dans la rue.

Nous l'avons dit : ne pas simplement condamner la haine et la violence, mais observer leur fonctionnement, signifie aussi montrer à quel moment *autre* chose aurait été possible, à quel moment quelqu'un aurait pu prendre une *autre* décision, à quel moment quelqu'un aurait pu *intervenir*, à quel moment quelqu'un aurait pu *renoncer*. Ne pas simplement refuser la haine et la violence, mais observer par quelles stratégies rhétoriques, par quelles métaphores ou quelles images la haine est générée et canalisée, cela implique aussi la certitude de pouvoir identifier, dans les motifs du récit, ces passages où elle peut être arrêtée ou subvertie[1].

1. Il sera peu question ici des stratégies de politique de l'image. Voir sur ce sujet mon texte sur la vidéo de James Fowley : http://www. deutscheakademie.de/de/auszeichnungen/johann-heinrichmerck-preis/ carolin-emcke/dankrede.

Même ceux qui avancent que dans le cas de l'État islamique, il s'agit moins d'une radicalisation d'islamistes que d'une islamisation de radicaux doivent analyser comment ce réseau parvient à recruter des adeptes dans des milieux aussi hétérogènes et à les mobiliser avec une théologie nihiliste. Enfin, étudier l'usage du discours et de l'image dans les stratégies de l'État islamique, son idéologie et la façon dont il se perçoit est aussi la condition de toute lutte militaire et policière contre le terrorisme. Dans une analyse confidentielle de 2015, le général de division Michael K. Nagata, commandant des forces spéciales américaines au Proche-Orient, notait, au sujet des problèmes rencontrés jusqu'ici dans la lutte contre le terrorisme : « Nous ne comprenons pas ce mouvement, et tant que ce sera le cas, nous ne pourrons pas le vaincre. Nous n'avons pas vaincu l'idée. Nous n'avons même pas compris l'idée[1]. »

Lorsqu'il s'agit du terreau de la haine (et pas seulement du terrorisme et de la violence organisée), lorsqu'il s'agit des mécanismes de l'exclusion, de l'évolution d'une pensée de plus en plus radicale qui doit être décelée à temps, alors l'environnement social, le voisinage, le cercle amical, la famille, les relations virtuelles nouées sur Internet doivent tous s'impliquer dans l'effort de prévention du fanatisme. Cette manière de comprendre les structures qui conditionnent et canalisent la haine, qui légitiment

---

1. http://www.nytimes.com/2014/12/29/us/politics/in-battle-to-defang-isis-us-targets-its-psychology-.html?_r=0. Citation originale : « *We do not understand the movement, and until we do, we are not going to defeat it. We have not defeated the idea. We do not even understand the idea.* »

la violence *a priori* et la valorisent *a posteriori* élargit les responsabilités et les possibilités d'action de la société civile. Elle ne délègue pas la résistance contre le fanatisme aux seuls services de sécurité, qui doivent intervenir lorsque les indices de préparation d'un acte criminel se concrétisent. Bien au contraire, la mission qui consiste à défendre une société ouverte, plurielle, dans laquelle la diversité religieuse, politique et sexuelle peut s'épanouir incombe à tous.

Même si l'ascension de l'État islamique doit être située dans le contexte historique des évolutions politiques et sociales en Irak et en Syrie ces dernières années, nous allons considérer ici l'État islamique comme le renouvellement idéologique révolutionnaire du djihad salafiste. Si l'on en croit Fawaz A. Gerges de la London School of Economics, trois documents fondent la vision du monde djihado-salafiste : un manifeste de 268 pages d'Abou Bakr Naji, datant du début des années 2000 et intitulé *Gestion de la barbarie* ; *Jurisprudence du djihad* d'Abou Abdallah al-Mouhajir et enfin *Les Bases de la préparation du djihad* de Sayyed Imam Al-Sharif, alias Dr Fadl[1]. Parmi ceux qui rejoignent les rangs de l'État islamique ou lui prêtent allégeance par leurs crimes, rares sont sans doute ceux qui auront étudié ces documents. Ils sont néanmoins très éclairants pour comprendre la vision qu'à l'État islamique de lui-même. On connaît sans doute davantage les rares discours de son leader Abou Bakr al-Baghdadi, ainsi que les messages audio diffusés via différents médias par Abou Mohammed al-Adnani, porte-parole officiel de

1. http://thedailyworld.com/opinion/columnist/terrorism-book.

l'État islamique[1]. Selon le spécialiste du terrorisme Yassin Musharbash, qui écrit pour l'hebdomadaire *Die Zeit*, les discours du fondateur d'Al Qaïda en Irak, Abou Moussab al-Zarqaoui, font également partie de ces textes fondateurs[2]. Enfin, les films de propagande spectaculairement mis en scène, comme cette vidéo de 36 minutes datant de 2014 et intitulée *De la méthodologie prophétique*, ont connu une large diffusion[3].

Que nous raconte l'État islamique sur lui-même ? Quel est le « Nous » qui est affirmé et inventé dans ce récit, et comment se forme ce schéma de la haine, qui dispose et entraîne des personnes à en torturer et à en tuer d'autres ? La première chose qui frappe en lisant les écrits et les discours fondateurs de l'État islamique, c'est la promesse de l'inclusion. Dans le discours intitulé *Message aux moudjahidin et à l'oumma musulmane pendant le mois de ramadan*, tenu par Abou Bakr al-Baghdadi en 2012, cela donne : « Vous avez un État et un califat où Arabes et non-Arabes, hommes blancs et hommes noirs, hommes de l'Est et

---

1. On trouvera une traduction anglaise des explications d'al-Adnani ici : https://pietervanostaeyen.com/category/al-adnani-2/.

2. Sur le rôle d'Al-Zarqaoui : Yassin Musharbash, *Die neue al-Qaeda. Innenansichten eines lernenden Terror-Netzwerks*, Cologne, Kiepenheuer & Witsch, 2007, p. 54-61.

3. Ce lien figure ici en tant que preuve, il ne constitue en aucun cas une incitation. S'agissant de matériel de propagande de l'État islamique, il est assorti d'un avertissement formel. Ce film est déconseillé à un public jeune. Il contient des séquences extrêmement violentes et fait l'éloge du régime de terreur de l'État islamique. http://www.liveleak.com/view?i=181_1406666485.

hommes de l'Ouest sont tous frères[1]. » La vision contradictoire que l'État islamique a de lui-même le conduit
à se percevoir comme un État, mais un État vu comme
une construction territoriale potentiellement ouverte qui
ne respecte pas les frontières des États-nations[2]. L'État
islamique fonde un califat dont le territoire est flexible et
le pouvoir d'attraction fort. « L'État islamique ne reconnaît
ni les frontières artificielles ni une quelconque appartenance
nationale en dehors de l'Islam. » Al-Baghdadi s'adresse
donc, avec son message aux moudjahidin, à un « Nous »
clairement transnational. Arabes et non-Arabes, musulmans
blancs et noirs, de l'Est et de l'Ouest doivent s'unir dans
le combat contre la laïcité, l'idolâtrie, « les mécréants »,
« les juifs » et « ceux qui les protègent ».

*De prime abord, la haine constitutive de l'État islamique
est un facteur d'égalité.* Tous – ou presque – sont appelés
à rallier l'avant-garde du djihad : jeunes et vieux, hommes
et femmes, des pays arabes voisins, de Tchétchénie, de

1. http://www.gatestoneinstitute.org/documents/baghdadi-caliph.pdf.
Citation originale : « *You have a state and a khilāfah where the Arab and
the non-Ara.b, the white man and the black man, the eastener and the
westener are all brothers.* » Deux phrases plus loin : « *The Islamic State
does not recognize synthetic borders nor any citizenship besides Islam.* »
2. Un des films de propagande de l'État islamique est explicitement
consacré à la question des frontières : *Breaking the Borders*, d'une durée
de 12 minutes. La question de savoir dans quelle mesure l'État islamique
a effectivement réussi à construire un proto-État donne lieu à un débat
intéressant. Voir sur ce sujet la contribution de Yassin Musharbash dans
son excellent blog sur le site de l'hebdomadaire allemand *Die Zeit* :
http://blog.zeit.de/radikale-ansichten/2015/11/24/warum-der-is-die-
weltordnung-nicht-gefahrdet/#more-1142.

Belgique, de France et d'Allemagne ; la couleur de leur
peau a aussi peu d'importance que leur origine sociale ;
ils peuvent être décrocheurs scolaires ou bacheliers, officiers de l'ex-armée irakienne sous Saddam Hussein ou
simples civils[1]. Tous ceux qui veulent s'intégrer et adhérer
à la doctrine prêchée par al-Baghdadi sont bienvenus, la
récompense promise étant le pouvoir sur les autres : « Les
musulmans seront partout les maîtres[2]. »

Autrement dit, tout en prônant l'ouverture envers ceux
qui veulent la rallier, l'idéologie de l'État islamique promet
un statut supérieur. Quiconque fait allégeance à l'État
islamique est censé devenir puissant, ou tout au moins
libre. Tous les autres sont déclassés. L'État islamique se
présente comme *égalitaire*, mais aussi comme un *instrument
de distinction*. L'État islamique s'identifie à une avant-garde
djihadiste avec des ambitions impériales, qui veut ranimer (et imposer par la violence) une forme « originelle »
de l'islam attribuée aux pieux ancêtres (as-Salaf as-Salih).
Cette référence généalogique à une vision moyenâgeuse de
l'islam est-elle historiquement fondée, ou s'agit-il d'une
construction contemporaine ? Cela reste à établir. Ce qui

1. Fawaz Gerges écrit dans son livre *Isis. A History* qu'un tiers des plus
hauts responsables de la branche militaire de l'État islamique sont d'anciens officiers de l'armée ou de la police irakienne ayant perdu leur travail
après la mise en place du programme américain de dé-baasification. Voir :
http://www.nybooks.com/articles/2016/06/23/how-to-understand-isis/.
2. Dans « A Message to the Mujahidin and the Muslim Ummah in
the Month of Ramadan » d'al-Baghdadi : http://www.gatestoneinstitute.
org/documents/baghdadi-caliph.pdf. Citation originale : « *Muslims will
walk everywhere as a master.* »

est décisif, c'est la rhétorique du retour et du nouveau départ vers un islam supposé « vrai[1] ».

Or il s'agit expressément du projet d'un islam sunnite, l'islam chiite étant dénoncé comme une hérésie. On aboutit à la conception paradoxale d'un panislamisme sunnite, pratiquant d'un côté une politique identitaire hyper-sunnite et prêchant simultanément un djihadisme universel[2]. L'État islamique se présente à la fois comme sans frontières et limité, comme incluant et excluant, comme exclusivité inclusive. « On conçoit aisément l'utilité des croyances relatives à la pollution dans un dialogue où chacun revendique ou conteste un certain statut dans la société », écrit l'anthropologue Mary Douglas dans son étude sur la pureté et le danger[3]. L'État islamique prétend, avec son culte de la pureté, au statut le plus élevé possible.

Le pouvoir d'attraction de l'État islamique tient probablement à cette double promesse, celle de pouvoir

1. Sur la conception particulière de la temporalité de l'État islamique, cf. Yassin Musharbash *in* « Bases de l'idéologie djihadiste » http://blog. zeit.de/radikale-ansichten/2015/03/30/wie-tickt-der1/.

2. De même que, dans le monde entier, de nombreux érudits musulmans s'élèvent contre la déformation de l'islam par l'État islamique, de nombreuses tribus sunnites d'Irak et de Syrie refusent de lui faire allégeance. Fawaz A. Gerges souligne qu'Al-Baghdadi semble avoir sous-estimé la complexité de la réalité politique et sociale tant à l'étranger que sur son propre territoire. http://www.latimes.com/opinion/op-ed/ la-oe-0417-gerges-islamicstate-theorists-20160417-story.html.

3. Mary Douglas, *De la souillure. Essai sur les notions de pollution et de tabou*, Paris, Maspero, 1971, p. 25. Citation originale : « *Pollution claims can be used in dialogue of claims and counter-claims to status.* »

appartenir sans conditions à un Nous intemporel, et celle de pouvoir s'y sentir, en même temps, comme un « meilleur » musulman, plus « vrai », plus « authentique ». Pour tous les musulmans d'Europe qui ont l'impression ne n'appartenir à aucune communauté et de rater le train de l'histoire, l'État islamique constitue une puissante promesse d'inclusion. Pour ceux qui sont exclus parce qu'ils sont systématiquement traités comme des citoyens de seconde zone, pour ceux qui ne voient dans les promesses de liberté, d'égalité et de fraternité que des mots creux, pour ceux qui sont sans emploi ou qui mènent des existences sans aucune perspective dans les milieux criminels, pour ceux qui ne savent tout simplement pas quoi faire d'eux-mêmes ou de leur vie, pour ceux qui sont en quête de sens ou simplement d'un peu d'adrénaline, pour tous ceux-là, une telle invitation peut paraître séduisante. Ils se laissent tenter par un simulacre de collectivité dans laquelle tous sont prétendument bienvenus, mais qui est en réalité structurée d'une manière si anti-individualiste et autoritaire que chacun et chacune y est finalement privé de sa singularité. L'État islamique promet certes la gloire individuelle, et certains médias en ligne, comme la revue *Dabiq*, se consacrent au récit du destin individuel des combattants et de leurs opérations militaires ; mais l'État islamique punit sans aucun état d'âme les écarts ou les « déloyautés[1] ».

---

1. http://www.independent.co.uk/news/world/middle-east/isis-executes-atleast-120-fighters-for-trying-to-flee-and-go-home-9947805.html.

Les chrétiens et les juifs ne sont pas les seuls à être désignés comme ennemis par ce projet ultraconservateur de purification radicale : sont aussi visés tous ceux qui sont soupçonnés d'apostasie. Le manifeste *La Gestion de la barbarie* fixe comme objectif spécifique la libération de la communauté des musulmans de la « dégradation » dont elle est frappée. Sont considérés comme responsables du déclin de l'islam, « l'Occident » et les anciennes puissances coloniales, mais aussi toutes les distractions auxquelles s'adonnent les croyants musulmans : « Le pouvoir des masses a été restreint et leur confiance en elles a été affaiblie par d'innombrables distractions[1]. » Le manifeste est plein de mépris pour tous ces musulmans qui se laissent distraire de leurs devoirs envers Dieu. Parmi les facteurs qui sont supposés affaiblir indûment les croyants se trouvent « les plaisirs des organes sexuels et de l'estomac », l'aspiration à la richesse et les « médias trompeurs ». Tout ce qui peut éloigner les musulmans de la pure adoration du Dieu unique est désigné comme dégénéré ou « sale ». L'ordre que l'État islamique veut instaurer par la violence est rigoureusement dévot, libéré de toutes les passions physiques dangereuses[2].

---

1. La version PDF du texte se trouve ici : http://www.liveleak.com/view?i=805_1404412169, citation p. 14. Citation originale : « *The Power of the masses was tamed and its self-awareness dissipated through thousands of diversions.* »

2. Une lecture psychanalytique attribuerait sans doute à ce culte de la pureté (assorti d'un amour démesuré de l'ordre et la peur de la perte de contrôle) un « caractère anal ». Sur les rapports entre populisme et conception de la pureté, au-delà de l'État islamique, cf. Robert Pfaller,

Les écrits sur lesquels s'appuie l'État islamique propagent un récit apocalyptique : la violence du djihad offensif doit croître par étapes, qualitativement et stratégiquement. Toute forme de chaos et d'instabilité est bienvenue sur la voie menant à l'ordre espéré du règne de Dieu. L'ennemi doit être « massacré et privé de patrie ». Toute indulgence, tout doute concernant l'emploi de la violence est interprété comme une faiblesse : « Si dans notre sainte guerre nous évitons la violence et que nous devenons faibles, cela contribuera de manière décisive à nous faire perdre nos forces[1]. »

Cette vision du monde dualiste ne connaît que le Mal ou le Bien absolu. L'entre-deux, la différenciation, l'ambivalence en sont totalement absents. Cela caractérise tous les fondamentalistes et les fanatiques : ils n'admettent aucune mise en doute de leurs positions. Toute réflexion, tout argument, toute citation doivent être pris au premier degré. Il en va de même pour les régimes autoritaires : ils ne laissent aucun espace social ou politique à la dissension. Dans cette perspective, même les massacres les plus cruels, chaque décapitation ou chaque immolation de prisonnier doivent être expliqués ou « justifiés ». Le plus étonnant, peut-être, lorsque l'on regarde certaines vidéos d'exécutions de l'État isla-

---

Das schmutzige Heilige und die reine Vernunft. Symptome der Gegenwartskultur, Francfort-sur-le-Main, S. Fischer, 2008, p. 180-195.

1. « The Management of Savagery », http://www.liveleak.com/view?i=805_1404412169, p. 72. Citation originale : « If we are not violent in our jihad and if softness seizes us, that will be a major factor in the loss of the element of strength. »

mique, c'est qu'elles se veulent vraiment « didactiques ». Chaque action, aussi brutale soit-elle, chaque mise en scène de son mépris de l'humain, aussi insoutenable soit-elle, se voit assigner une visée « pédagogique » assortie de « justifications ». À chaque fois, les exécutions ou les destructions délibérées de mosquées ou de bâtiments chiites sont insérées dans un récit qui les pose comme « nécessaires ». Même la violence la plus arbitraire ne doit pas apparaître comme telle. La jouissance de la mise en scène, le plaisir sadique à torturer un être humain doivent être purifiés du facteur individuel et subjectif. Selon ce récit apocalyptique, chaque acte commis au nom de l'État islamique doit avoir une forme théologiquement explicable, un « motif » salafisto-djihadiste. Jouir de la violence, ce qui est manifestement le cas de certains, ne suffit pas. La violence doit être chargée de sens. Non pas que les raisons invoquées soient « justes ». Ce qui est décisif, c'est que la haine et la violence ne doivent jamais apparaître comme contingentes, mais toujours intentionnelles et contrôlées. La terreur doit être la manifestation logique d'un ordre qui entend légitimer chaque acte. Ces autojustifications permanentes ont un double destinataire et un double message : d'une part, elles signalent à l'extérieur du groupe que ce n'est pas simplement une guérilla désordonnée qui est ici à l'œuvre, mais un État puissant et légitime, capable de communiquer à l'aide des dernières technologies, en utilisant tous les codes esthétiques de la culture pop. D'autre part, elles signalent aux membres du groupe qu'il ne laisse aucun espace pour des décisions autonomes ou des ambitions démocratiques. Enfin, la communication ininterrompue établit aussi un discours hégémonique qui martèle la domination totalitaire de l'État islamique.

*

Mais si l'État islamique poursuit rigoureusement son programme dans une direction théologico-généalogique en invoquant les pratiques et les convictions des grands ancêtres (ou en les inventant comme modèles pour le présent), son ambition s'oriente aussi vers la purification des sociétés contemporaines culturellement hybrides, que ce soit dans les pays arabes ou en Europe. Ce qui est considéré comme Autre, comme souillé et impur, ce ne sont pas seulement les déformations prétendument hérétiques et corrompues de l'islam, c'est avant tout la modernité éclairée, avec sa vison laïque de l'État qui rend possible une diversité des religions et des cultures. Pour le dogme de l'État islamique, c'est vraiment là le *radicalement Autre* : la pluralité, la coexistence religieuse dans la diversité, la création d'États indépendants de toute religion et résolument laïques.

Dans un message daté de 2007 et intitulé *Je me fonde sur une preuve indubitable que je tiens de mon Seigneur*, l'ancien leader de l'État islamique Abou Omar al-Baghdadi déclare : « Nous croyons que la laïcité malgré ses différents factions et partis est clairement mécréante et s'oppose à l'islam, et que quiconque la pratique n'est pas musulman[1]. » Voilà un passage intéressant. Pour l'État islamique, la laïcité s'oppose à l'islam. Mais la laïcité n'est pas une religion. Et il est remarquable que l'État islamique se sente obligé de le nier expressément. Comme si la laïcité était une pratique individuelle, comme si elle exigeait des prières rituelles ou des pèlerinages. Voilà qui est étrange : car la laïcité se réfère à la constitution d'un État qui définit son autorité comme explicitement post-métaphysique et sans aucun lien avec quelque puissance cléricale que ce soit.

Voici ce que l'idéologie de la pureté ne peut tolérer : que puissent coexister des convictions et des pratiques religieuses différentes. Qu'un État se définisse comme éclairé et également responsable de tous, par-delà les confessions religieuses. Qu'une société puisse se doter d'un ordre démocratique et laïque, dans lequel tous aient les mêmes droits subjectifs, où tous puissent vivre leurs pratiques religieuses et leurs convictions propres, où tous aient le même droit à la dignité. Rien ne semble rebuter davantage l'État islamique que la mixité culturelle ou religieuse. Tout ce qui est hybride, tout ce qui est pluriel contrarie ce fétichisme de la pureté. En cela, les idéologues fanatiques de l'État islamique ressemblent à ceux de la nouvelle droite en Europe : l'« impureté » culturelle, la coexistence pacifique de croyances différentes, c'est l'ennemi. Ils sont incapables de concevoir – ou de

---

1. La citation est issue du point 7 de ce discours. https://pieterva-nostaeyen.files.wordpress.com/2014/12/say_i_am_on_clear_proof_from_my_lord-englishwww-islamicline-com.pdf. Citation originale : « *We believe that secularism despite its differences in its flags and parties [...] is a clear disbelief, opposing to Islam, and he who practices it, is not a Muslim.* »

vouloir – que l'islam puisse faire partie de l'Europe, que dans les démocraties européennes pluralistes les musulmans puissent être aussi reconnus que d'autres croyants respectueux des constitutions en vigueur ou que les athées.

Cela explique également pourquoi l'État islamique a mené, pendant toute la durée de la crise humanitaire des réfugiés et de leur accueil en Europe, une propagande active contre la politique d'Angela Merkel. Au moins cinq messages vidéo ont mis en garde les réfugiés contre une émigration en Europe[1]. Les musulmans qui vivent aux côtés de juifs, de chrétiens et de « mécréants » sont sévèrement critiqués dans ces messages. Contrairement à ce que suggèrent les agitateurs de droite, le geste humanitaire envers les réfugiés ne constitue pas un soutien à l'État islamique, bien au contraire : chaque geste, chaque loi, chaque acte qui offre aux réfugiés musulmans un traitement équitable, un accueil chaleureux, une réelle possibilité d'intégration en Europe représente une menace directe pour l'idéologie islamiste. Que l'État islamique utilise les itinéraires des réfugiés pour faire entrer en Europe des terroristes potentiels est un danger qui ne doit pas être sous-estimé d'un point de vue policier et sécuritaire. Mais cela ne change rien au programme stratégique et militaire de l'État islamique, qui par ses attentats et sa propagande vise exclusivement une polarisation en Europe. La division de l'Europe en une Europe musulmane et une Europe non-musulmane constitue l'objectif intermédiaire

1. http://www.jerusalemonline.com/news/world-news/around-the-globe/isis-warns-refugees-dont-flee-to-europe-15954.

explicite du djihad. La rationalité perverse mais rigoureuse de l'État islamique vise à ce que, après chaque attentat en Europe ou aux États-Unis, la puissance publique châtie le plus collectivement possible la communauté musulmane du pays concerné. Pour l'État islamique, il est indispensable que, dans les États laïques modernes, les musulmans soient soupçonnés dans leur ensemble, qu'ils soient isolés et exclus : c'est la meilleure manière de les détacher des démocraties modernes et de les attirer à lui. Chaque voix qui condamne tous les musulmans après un attentat islamiste, chaque voix qui dénie aux musulmans leurs droits fondamentaux et leur dignité, chaque voix qui veut réduire les musulmans à la violence et à la terreur exauce précisément le rêve islamiste d'une Europe divisée et s'adonne involontairement au culte de la pureté.

Il est donc nécessaire, pour une Europe éclairée, de continuer à se sentir tenu à une modernité ouverte et laïque. Il est essentiel de continuer non seulement à tolérer la diversité culturelle, religieuse et sexuelle, mais de la célébrer. Ce n'est que dans la diversité que s'épanouit la liberté individuelle, y compris celle des dissidents et des divergents. Ce n'est que dans une société pluraliste que trouvent place la contradiction, le doute mais aussi l'ironie, comme art de l'ambigu.

Troisième partie

Éloge de l'impur

« Mais "nous" n'est pas l'addition ni la juxtaposition de ces "je"[1]. »

Jean-Luc Nancy

Dans les vingt-huit tomes de *L'Encyclopédie*, cette compilation du savoir des Lumières que Diderot et d'Alembert ont publiée entre 1752 et 1772, se trouve une définition du fanatisme qui vaut encore aujourd'hui. « Le fanatisme est un zèle aveugle et passionné », écrit Alexandre Deleyre dans l'article qu'il a rédigé, « qui naît des opinions superstitieuses et fait commettre des actions ridicules, injustes et cruelles ; non seulement sans honte et sans remords, mais avec une sorte de joie et de consolation[2]. » Les fanatiques contemporains, qu'ils soient zélateurs pseudo-religieux ou politiques, ont ceci de commun : ils façonnent des dogmes et des superstitions qui attisent et « justifient » la haine. Et, sans honte ni remords, tantôt défendent des positions

---

1. Jean-Luc Nancy, *Être singulier pluriel*, Paris, Galilée, 2013, p. 87.
2. A. Deleyre, article « Fanatisme », *in* Denis Diderot et Jean-Baptiste Le Rond D'Alembert, *L'Encyclopédie ou Dictionnaire raisonné des sciences, des arts et des métiers*, Genève, Jean-Léonard Pellet, 1778, p. 826.

ridicules, tantôt commettent des actes injustes ou cruels. Quelquefois, leur propagation aveugle des théories du complot les plus absurdes prête à rire – un sentiment qui cède rapidement lorsque ces superstitions contribuent à forger une doctrine susceptible d'enrôler des individus. Attiser la haine pour intimider, pour dénoncer ou pour stigmatiser, pour confisquer l'espace public et la parole, pour blesser et agresser est tout sauf drôle ou ridicule. La combinaison du fanatisme avec l'idée d'une nation homogène, la conception raciste d'appartenance à un peuple conçu comme *ethnos* ou avec un concept pseudo-religieux de pureté donne naissance à des doctrines ayant en commun des mécanismes d'inclusion et d'exclusion arbitraires et délibérés.

Si dans leur dogmatisme les fanatiques sont tributaires de quelque chose, c'est bien de l'univocité. Ils ont besoin d'une doctrine pure du peuple « homogène », d'une « vraie » religion, d'une tradition « originelle », d'une famille « naturelle » et d'une culture « authentique ». Ils ont besoin de schibboleths et de codes qui ne tolèrent aucune contradiction, aucune ambiguïté, aucune ambivalence – et c'est précisément là que réside leur plus grande faiblesse. Le dogme de la pureté et de la simplicité ne peut pas se combattre au travers d'une adaptation mimétique. Il est vain d'opposer le rigorisme au rigoriste, le fanatisme au fanatique, la haine au haineux. L'hostilité à la démocratie ne peut être combattue qu'au moyen de la démocratie et de l'État de droit. Si la société ouverte et libérale veut se défendre, elle ne peut le faire qu'en restant libérale et ouverte. Lorsque l'Europe moderne, laïque et plurielle est attaquée, elle ne doit pas cesser d'être moderne, laïque et plurielle. Lorsque des fanatiques religieux et/ou racistes cherchent à diviser la société en catégories fondées sur l'identité et la différence, il faut forger des alliances solidaires, qui pensent en termes de similitudes entre les humains. Lorsque des idéologues fanatiques brossent une vision du monde faite de caricatures grossières, la surenchère en la matière est inutile : il faut au contraire leur opposer la différenciation.

Cela suppose aussi de ne pas répondre à l'essentialisme des fanatiques par des allégations de même facture. Pour cette raison, on devrait toujours critiquer et combattre non seulement la haine et le mépris mais aussi les structures et les conditions qui permettent leur émergence. Il ne s'agit pas de diaboliser des personnes en tant que telles mais de critiquer ou d'empêcher leurs paroles ou leurs actes. Lorsqu'il s'agit de crimes tombant sous le coup de la loi, les auteurs doivent bien entendu être poursuivis avec les moyens dont dispose l'État de droit et, si possible, condamnés. Mais pour s'opposer à la haine et au fanatisme de la pureté, la résistance civile (et civique) contre les techniques de l'exclusion et de l'inclusion est nécessaire, tout comme celle contre les schémas de perception qui rendent les uns visibles et les autres invisibles, ou contre les formes de vision qui ne laissent plus apparaître les individus que comme représentants de collectifs. Il faut des protestations courageuses contre toutes les petites et les grandes formes d'humiliation et d'avilissement, aussi bien que des lois pour assister ceux qui sont exclus. Cela nécessite d'élaborer d'autres récits, dans lesquels d'autres personnes et d'autres perspectives sont rendues visibles. Ce n'est que si les schémas de haine sont remplacés, « si l'on découvre des similitudes là où auparavant l'on ne voyait que des différences », que l'empathie pourra naître[1].

Le racisme et le fanatisme n'appellent pas seulement une résistance sur le fond, mais aussi dans la forme. Cela suppose précisément de *ne pas* se radicaliser soi-même. Cela suppose précisément de *ne pas* promouvoir par la haine et la violence le scénario fantasmé d'une guerre civile (ou d'une apocalypse). Nous avons besoin d'actions économiques et sociales dans les lieux et les structures où naît ce mécontentement qui sera détourné en haine et en violence. Si l'on veut prévenir le fanatisme, il faut se demander pourquoi tant de personnes tiennent si peu à leur vie qu'elles sont prêtes à la quitter pour une idéologie.

Mais le plus urgent est de plaider pour l'impureté et la différenciation, parce que c'est ce qui contrarie le plus les haineux et les fanatiques dans leur fétichisme du pur et du simple. Nous avons besoin d'une culture du doute éclairé et de l'ironie, parce que ce sont des catégories de pensée auxquelles répugnent les fanatiques rigoristes et les racistes dogmatiques. Un tel plaidoyer pour l'impur doit être davantage qu'une vaine promesse. Il ne suffit pas d'affirmer la pluralité dans les sociétés européennes : des investissements politiques, économiques et culturels

---

1. Aleida Assmann, « Ähnlichkeit als Performanz. Ein neuer Zugang zu Identitätskonstruktionen und Empathie-Regimen », *in* Anil Bhati et Dorothee Kimmich (dir.), *Ähnlichkeit. Ein kulturtheoretisches Paradigma*, Constance, Konstanz University Press, 2015, p. 171.

importants sont indispensables pour promouvoir cette coexistence inclusive. Pourquoi ? Pourquoi la pluralité serait-elle une valeur ? N'est-ce pas remplacer une doctrine par une autre ? Que signifie la pluralité pour ceux qui craignent que la diversité culturelle ou religieuse limite leurs propres pratiques ou leurs convictions ?

« Les hommes au pluriel », écrivait Hannah Arendt dans *Condition de l'homme moderne*, « c'est-à-dire les hommes en tant qu'ils vivent et se meuvent et agissent en ce monde, n'ont l'expérience de l'intelligible que parce qu'ils parlent, se comprennent les uns les autres, se comprennent eux-mêmes[1]. » Pour Hannah Arendt, la pluralité est d'abord un fait empirique incontournable. Aucun être humain n'existe de manière unique et isolée : nous sommes sur terre en grand nombre, au pluriel, justement. Or, au sens moderne, la pluralité ne désigne pas la reproduction d'un modèle premier, d'une norme à laquelle tous auraient à se conformer. Au contraire, la *condition humaine*[2] et l'agir humain sont caractérisés pour Arendt par cette pluralité dans laquelle « nous sommes tous pareils, c'est-à-dire humains, sans que jamais personne soit identique à un autre homme ayant vécu, vivant ou encore à naître[3] ». Cette analyse contredit élégamment la vision si répandue de l'identité et de la différence. Il s'agit ici à la fois d'appartenance à un Nous universel en tant qu'êtres humains *et*

---

1. Hannah Arendt, *Condition de l'homme moderne*, trad. G. Fradier, in *L'Humaine Condition*, Paris, Gallimard, 2012, p. 62.
2. En français dans le texte. [N.d.T.]
3. Hannah Arendt, *Condition de l'homme moderne*, *op. cit.*, p. 66.

de singularité en tant qu'individus uniques. Le pluriel dont il est question n'est pas un Nous statique, une masse qui tendrait vers l'homogénéité. Le pluriel, dans l'acception de Hannah Arendt, naît au contraire de la diversité des particularités individuelles. Tous se ressemblent, mais aucun et aucune n'est équivalent à un ou une autre, voilà l'« étrange » et merveilleuse condition et possibilité de la pluralité. Toute introduction de normes visant à une « purification » des individus contredit cette conception de la pluralité.

Jean-Luc Nancy écrit à ce sujet : « Le singulier, c'est d'emblée *chaque* un, et donc aussi chacun *avec* et *entre* tous les autres[1]. » Il en résulte que le singulier n'est pas l'individualité égoïste – et que le pluriel n'est pas « addition ou coexistence des "je" ». L'individualité ne se traduit et ne s'effectue que dans la réciprocité du vivre avec et pour les autres. Tout seul, personne n'est unique, il est simplement seul. L'interaction sociale dans laquelle les désirs et les besoins de chacun se réfractent est indispensable. Un Nous qui ne se conçoit que comme une unité monochrome ne contient ni diversité ni individualité. Cela signifie que la diversité culturelle ou religieuse, une société hétérogène, un État laïque qui crée les conditions et les structures pour assurer l'existence de projets de vie différents ne restreignent pas les convictions individuelles, mais au contraire les protègent et les rendent possibles. *Dans une société, la pluralité ne signifie pas la perte de la liberté individuelle (ou collective), elle la garantit bien au contraire.*

1. Jean-Luc Nancy, *Être singulier pluriel, op. cit.*, p. 52.

Les fanatiques pseudo-religieux et les nationalistes populistes échaffaudent un tout autre projet : ils réclament
un collectif homogène, originel, pur, et suggèrent qu'il
offrirait davantage de protection et une plus grande stabilité. Ils affirment qu'une société plurielle menace la
cohésion sociale et ruine une tradition à laquelle ils sont
attachés. On peut leur rétorquer d'une part que l'idée d'un
État laïque appartient elle aussi à la tradition : à celle des
Lumières. Une tradition se construit, elle aussi. D'autre
part, la doctrine d'une nation pure et homogène ne garantit en aucun cas la stabilité, parce qu'elle commence par
éliminer ce qui est désigné comme « étranger », « hostile »
ou « inauthentique ». Ce concept essentialisé de la collectivité n'offre aucune protection. Seule une société libérale,
qui se conçoit comme ouverte et plurielle, qui n'édicte
pas de prescriptions en matière de religion ou d'athéisme
protège aussi les conceptions ou les corps différents, les
pratiques et les conceptions déviantes de la vie bonne, de
l'amour ou du bonheur. Il ne s'agit pas là simplement d'un
argument normatif ou rationnel, comme on l'entend trop
souvent. Le plaidoyer pour l'impur s'adresse aux besoins
affectifs des humains comme êtres vulnérables et sujets au
trouble. Reconnaître la diversité culturelle d'une société
moderne ne signifie pas que les projets de vie, les traditions
ou les convictions religieuses de chacun n'y trouveraient
pas place. Reconnaître une réalité mondialisée ne signifie
pas être irrespectueux envers les conceptions individuelles
d'une vie bonne.

À titre personnel, la diversité religieuse, culturelle ou
sexuelle dans un État de droit laïque me rassure. Aussi

longtemps que je vois ces différences dans l'espace public, je sais que sont préservés les espaces de liberté où je suis protégée en tant qu'individu avec toutes mes particularités, mes aspirations, mes pratiques et mes convictions éventuellement divergentes. Je me sens moins vulnérable lorsque la société dans laquelle je vis accepte et supporte des visions de la vie, des convictions religieuses ou politiques variées. Dans cette perspective, les modes de vie ou d'expression dont je suis moi-même éloignée me rassurent également. Elles ne m'importunent pas. Elles ne me font pas peur non plus. Au contraire, les rites ou les fêtes, les pratiques ou les habitudes diverses me réjouissent. Que les gens préfèrent les fanfares ou le festival de Bayreuth, sortent au stade du FC Union Berlin ou au café Südblock à Kreuzberg pour voir *Pansy presents...*[1], qu'ils croient à l'Immaculée Conception ou au passage de la mer Rouge, qu'ils portent une kippa, une culotte de peau ou soient habillés en drag-queen, la diversité vécue et respectée des autres ne protège pas seulement leur individualité : elle protège aussi la mienne. Dans cette mesure, le plaidoyer pour l'impur ne constitue pas seulement une doctrine « sensée » et rationnelle permettant de former une société laïque et plurielle, même si c'est l'argument souvent avancé. Il est essentiel d'en souligner aussi les avantages d'ordre affectif : la diversité culturelle, religieuse ou sexuelle n'implique pas

---

1. Pansy est le nom de scène d'un artiste, performeur et chanteur berlinois d'origine américaine. Sous les traits d'une drag-queen, il crée et anime des événements et des soirées. http://hyperallergic.com/143311/an-artist-turned-drag-queen-reigns-in-berlin/.

nécessairement une perte du sentiment d'appartenance ou de stabilité émotionnelle, elle les renforce au contraire. La capacité d'intégration sociale n'est pas moindre dans une société ouverte et libérale que dans une province fermée et monoculturelle. C'est même précisément cette ouverture qui crée un lien affectif avec une société qui défend et protège mes particularités individuelles, même si elles ne sont pas majoritaires, qu'elles soient désuètes, « branchées », étranges ou de mauvais goût. Une société qui se définit explicitement comme ouverte et inclusive et se demande régulièrement si elle l'est suffisamment permet d'espérer qu'on ne sera pas arbitrairement exclu ou agressé.

Vivre réellement dans la pluralité suppose le respect mutuel de l'individualité et l'unicité de tous. Je n'ai pas à vivre comme tous les autres. Je n'ai pas à partager les pratiques et les convictions des autres. Ils n'ont pas à m'être sympathiques ou compréhensibles. C'est en cela aussi que consiste l'immense liberté d'une société réellement ouverte et libérale : ne pas devoir s'aimer, mais pouvoir se laisser vivre. Cela s'applique aussi à des croyances religieuses qui peuvent sembler irrationnelles ou inconcevables à certains. Les choix de vie, qu'il s'agisse d'observer une religion de façon stricte ou plus libérale, ou d'être athée, font partie de ces libertés subjectives. Une conception laïque de l'État n'implique en aucun cas un athéisme imposé à chaque citoyen et citoyenne. Moins la société se perçoit comme essentialisée, homogène, « pure », moins est forte l'injonction à s'agréger selon l'identité.

Le vocabulaire d'une société inclusive et ouverte s'est trouvé de plus en plus vidé de sa substance ou relégué : il est tombé dans l'oubli. Nous allons devoir reformuler ce que peut et doit signifier vivre dans la pluralité. Si nous voulons que la coexistence fasse sens, alors nous devons trouver une langue, des pratiques et des images pour cette pluralité – et pas seulement à l'usage de ceux qui ont toujours été visibles et désirés, mais aussi pour les autres, dont les expériences et les perspectives sont volontiers oblitérées.

Y a-t-il des conflits dans ce type de société plurielle ? Oui, bien sûr. Abritera-t-elle des sensibilités culturelles ou religieuses différentes ? Oui, bien sûr. Mais il n'existe pas de solutions universelles pour les conflits entre les exigences religieuses et les compromis qu'une société laïque et plurielle exige de son côté de la part des croyants. Il faut examiner concrètement chaque conflit autour de chaque pratique pour faire la part des choses : pourquoi ce rituel, cette pratique sont-ils importants pour cette religion ? Qui sont ceux dont les droits risquent d'être violés ou niés ? Exerce-t-on de la violence sur une personne ? Au nom de quel droit cette pratique peut-elle être interdite ? Ces questions devront être tranchées par un débat philosophique et juridique exigeant. La question des limites de la liberté religieuse, de la relation entre laïcité et démocratie réclame encore des débats publics approfondis. Ce sera certes laborieux, et certains rites ou pratiques, incompatibles avec la constitution (comme par exemple les mariages forcés de mineurs), seront interdits par voie légale. Ces processus de négociation sont au cœur d'une culture démocratique ; ils ne mettent pas la démocratie en danger, ils la confortent, c'est un processus d'apprentissage délibératif et ouvert aux expériences. Cela présuppose que chaque croyant se sente engagé tant vis-à-vis de sa foi qu'envers la société laïque et plurielle mais aussi que chaque croyant apprenne à distinguer entre des valeurs particulières qui ne sont pas généralisables et les normes fondamentales qui valent pour tous, indépendamment de la foi ou des convictions. À charge pour la société laïque de vérifier qu'elle l'est réellement, et de traquer les institutions ou lois qui favorisent des fidèles ou des Églises en particulier. Pour supporter ces conflits qui portent tant sur les pratiques que sur la philosophie du droit et négocier leur application, il suffit d'une dose raisonnable de confiance dans les processus démocratiques.

Une société démocratique est une organisation dynamique, capable d'apprendre, ce qui présuppose une disposition individuelle et collective à reconnaître les erreurs individuelles ou collectives, à corriger les injustices historiques et à se pardonner mutuellement. Une démocratie n'est pas simplement une dictature de la majorité, elle offre un dispositif dans lequel il ne s'agit pas seulement de décider et de voter, mais aussi de débattre et de peser collectivement le pour et le contre. C'est une organisation qui peut et doit en permanence réajuster ce qui n'était pas assez juste ou assez inclusif. Cela nécessite également une culture de l'erreur, une culture du débat public qui ne soit pas marquée par le mépris mutuel mais par une curiosité réciproque. Reconnaître ses erreurs, en pensées ou en actes, est aussi indispensable pour les acteurs politiques que pour ceux des médias ou de la société civile. Pouvoir, à l'occasion, se pardonner mutuellement, cela fait aussi partie de la texture morale d'une démocratie vivante. Malheureusement, ni les conditions structurelles ni les usages qui prévalent sur les réseaux sociaux ne favorisent une culture du débat dans laquelle il est également possible de reconnaître des erreurs et de se pardonner.

Dans son cours de poétique à Francfort, Ingeborg Bachmann évoquait une pensée « qui ne se soucie pas encore au départ de sa direction, mais qui vise la connaissance et veut atteindre quelque chose avec le langage et par le langage. Appelons-la provisoirement : réalité[1] ». Cela vaut aussi pour un espace public et une culture démocratiques, dans lesquels l'orientation n'est pas fixée ou connue d'avance, mais où il est possible et nécessaire de penser et de débattre ouvertement. Plus le débat public est polarisé et désinhibé, plus il semble difficile de prendre le risque d'une pensée qui ne se préoccupe pas d'emblée d'une direction. Or, c'est précisément cette quête de la connaissance qui est nécessaire : la recherche des faits, des descriptions de la réalité qui ne soient pas formatées par les ressentiments idéologiques. Chacune et chacun peut y participer et est autorisé à le faire. Il n'existe pas d'expertise spécifique de la démocratie. Le philosophe Martin Saar écrit : « Car la liberté politique et l'aspiration

---

1. Ingeborg Bachmann, *Leçons de Francfort*, trad. E. Poulain, Arles, Actes Sud, 1986, p. 23 *sq*.

démocratique à la liberté, chacun les connaît, même celui qui en est privé[1]. »

*

Il sera sans doute également difficile de concilier les expériences et les souvenirs historiques et politiques de personnes aux origines diverses. On ne peut pas ignorer qu'il y ait là une source de conflits potentiels. Il sera d'une importance décisive d'expliquer et de justifier d'une nouvelle façon certaines constantes morales et politiques, comme la vigilance que nous impose la mémoire des crimes du national-socialisme. Elles peuvent et doivent aussi valoir pour ceux qui ne sont pas liés à la Shoah par leur propre histoire familiale. Les migrantes et les migrants doivent se confronter à cette référence historique essentielle pour l'Allemagne, à l'horreur de l'histoire de ce pays. Cela signifie que la commémoration ne peut pas être simplement décrétée : il faut aussi expliquer pourquoi elle peut et doit être pertinente pour tous. Il faut permettre à tous de s'approprier cette histoire, sans l'héritage familial de la culpabilité et de la honte. Car elle leur appartient aussi, parce qu'ils vivent ici et sont citoyennes et citoyens. S'excepter de cette réflexion sur la Shoah signifierait implicitement, en Allemagne, s'exclure du récit politique et de la perception que cette démocratie a d'elle-même.

---

1. Martin Saar, *Immanenz der Macht. Politische Theorie nach Spinoza*, Berlin, Suhrkamp, 2013, p. 395.

« Il n'y a pas de souvenir et de rapport à l'histoire qui
ne soient déclenchés par un souhait, c'est-à-dire quelque
chose qui fait signe vers l'avenir », affirme le philosophe
et historien de l'art Georges Didi-Huberman dans un
entretien accordé au magazine *Lettre International*[1]. Il
convient d'être attentif à ce double mouvement de la
mémoire, vers le passé et vers l'avenir. Seule une mémoire
qui parvient à tirer du terrible héritage de l'histoire une
mission tournée vers l'avenir peut agir et rester vivante.
Seule une culture du souvenir qui reformule incessam-
ment l'espoir de la création d'une société inclusive, qui
n'admet pas que des individus ou des groupes entiers en
soient exclus parce qu'« étrangers » ou « impurs », peut
rester vivante. Seule une mémoire qui demeure également
attentive aux mécanismes actuels de l'exclusion et de la
violence peut éviter de devenir un jour dérisoire.

Que se passe-t-il lorsque l'expérience historique et le
présent où elle joue un rôle social et politique diver-
gent de plus en plus ? Lorsque les témoins concernés et
leurs descendants ou ceux épargnés par les persécutions
s'éloignent de plus en plus les uns des autres ? Pas seulement par l'âge, mais aussi par ce qui constitue leur
monde, par ce qu'ils vivent et comprennent comme leur
appartenant en propre ? Comment la mémoire des crimes
du national-socialisme pourra-t-elle être conservée sans
qu'elle soit figée ? Ces questions préoccupent surtout les
personnes d'origine juive, mais elles concernent tous les
membres de la société. Elles ne s'imposent pas seulement

1. « Blickveränderungen », in *Lettre n° 109*, été 2015, p. 85.

depuis la prise de conscience, avec l'arrivée des réfugiés syriens, de la nécessité d'établir une grammaire morale pour une société d'immigration. Elles se posent aussi à cause des slogans revanchards des mouvements populistes d'extrême droite et des actes de violence dont sont victimes les juives et les juifs dans l'espace public. Nul besoin de taxer d'antisémitisme les Syriens ou les Saxons pour se demander comment un devoir de mémoire peut être transmis à ceux qui n'ont pas grandi avec lui ou le perçoivent comme une contrainte.

Bien évidemment, avec les réfugiés syriens, d'autres expériences et d'autres perspectives sur l'État d'Israël arrivent chez nous. Ce que représente l'histoire de l'Holocauste – la douleur et le traumatisme qui y sont liés – est beaucoup moins connu que ce l'on suppose dans notre pays. Cela va susciter des tensions. Il faudra expliquer quels crimes ont été commis ici, et ce que cela implique pour les descendants en termes d'héritage et de devoirs. La mémoire d'Auschwitz n'a pas de date limite de validité. C'est pourquoi il sera nécessaire de raconter cette histoire avec des méthodes pédagogiques modernes, comme quelque chose que l'on peut s'approprier par l'intérêt et l'empathie. Les exemples nombreux et remarquables figurant dans les programmations des musées et des institutions culturelles montrent depuis longtemps qu'il est possible d'inciter même les plus jeunes à se confronter de manière aussi créative que sérieuse à l'histoire du national-socialisme. Ce travail devra être soutenu encore davantage que cela n'a été fait jusqu'ici, afin de développer des formats spécifiques pour ceux qui appréhendent l'histoire avec d'autres références culturelles et historiques.

Cela présuppose de ne pas simplement porter la profonde culpabilité du passé, mais aussi d'écouter avec attention, ici et aujourd'hui, de quelles blessures témoignent les réfugiés et quels souvenirs sont celés dans leurs récits. Cela ne sera possible que si l'on s'écoute les uns les autres. Si les réfugiés ont le droit, eux aussi, de parler de leurs souvenirs et de leurs angoisses. Écouter ne signifie pas approuver tout ce que l'on peut entendre. Cela signifie simplement vouloir comprendre d'où vient l'autre et quel nouvel angle de vue est ouvert par ce changement de perspective. La manière dont nous voulons faire société se traduira aussi par notre aptitude à produire un tel récit, polyphonique et ouvert sur le présent, et par notre façon d'y parvenir. Elle se traduira aussi dans notre capacité à lier ce récit, aussi ouvert et polyphonique soit-il, à des constantes émanant des Droits de l'homme et de la laïcité[1].

À vrai dire, cette tâche n'est pas nouvelle. La réflexion sur l'expérience historique de la culpabilité, sur la souffrance et le point de vue de ceux qui ont vécu ailleurs la totale privation des droits, les sévices, la guerre et la violence, cette réflexion s'impose de façon récurrente dans toute société d'immigration. Depuis longtemps, les expériences de personnes et de groupes venus de l'ex-

1. Sur l'impérieux devoir de mémoire de la Shoah à l'époque actuelle, j'ai également écrit ceci : http://www.sueddeutsche.de/politik/kolumne-erinnern-1.2840316 ainsi que de manière détaillée *in* Carolin Emcke, *Weil es sagbar ist. Zeugenschaft und Gerechtigkeit*, Francfort-sur-le-Main, S. Fischer, 2013.

Yougoslavie, de Turquie, des territoires kurdes, d'Arménie et de beaucoup d'autres régions font partie de la mémoire allemande. Il en va de même pour les Noirs allemands. Vivre dans la pluralité signifie aussi, et d'abord, reconnaître et accepter que ces expériences soient formulées et débattues publiquement. Vivre dans la pluralité ne signifie pas seulement se définir timidement, après des décennies de migrations, comme une « société d'immigration ». Cela signifie aussi réfléchir, de manière conséquente, à ce que cela signifie réellement que d'en *être* une. L'époque où les migrantes et les migrants, leurs enfants et leurs petits-enfants ne pouvaient être que les objets du discours public est définitivement révolue. Il est temps de comprendre que les migrantes et les migrants, les réfugiés sont aussi des sujets du discours public. Cela exige une pluralisation des perspectives, une observation critique des schémas de perception et du canon du savoir qui transmet les pratiques culturelles et les convictions. Vivre dans la pluralité signifiera aussi prendre au sérieux un savoir qui passe pour être moins précieux, simplement parce qu'il est d'un apport récent. Dans la formation scolaire, ce savoir et ces perspectives sont jusqu'ici sous-représentés. La littérature, l'histoire de l'art et de la culture des contrées aussi bien européennes que non-européennes sont étonnamment négligées dans les institutions culturelles[1]. Notre pro-

---

1. Cela tient probablement au fait que la littérature étrangère doit être lue en langue originale et se trouve pour cette raison liée aux cours de langue. Des cours réservés à l'histoire culturelle internationale ou à la littérature mondiale seraient peut-être nécessaires.

gramme scolaire étriqué ne s'est pas suffisamment adapté aux exigences d'un monde globalisé et aux réalités d'une société d'immigration. Il existe quelques tentatives sporadiques de sortir de cette vision étroite. Certains établissements ou enseignants s'emparent de thèmes ou d'auteurs différents, mais ils ne sont pas encore assez nombreux. Il ne s'agit pas d'abandonner Büchner ou Wieland, mais de lire aussi, de temps en temps, Orhan Pamuk, Dany Laferrière, Terézia Mora ou Slavenka Drakulić. Ces textes ne sont pas uniquement fondamentaux pour les enfants de familles d'immigrés qui pourront y reconnaître et y voir valorisées les expériences de leurs parents et grands-parents. C'est certes important. Mais ces textes sont surtout essentiels pour les autres enfants : parce qu'ils apprennent, par-delà leur environnement, à imaginer et à découvrir un nouveau monde. C'est aussi un entraînement au changement de perspective et à l'empathie.

La pluralisation des perspectives devrait se poursuivre encore dans les administrations et les institutions d'État (dans la police, les mairies, dans l'appareil judiciaire). On y observe d'ores et déjà des efforts pour favoriser la diversité. C'est une bonne chose. La diversité visible dans les institutions et les entreprises n'est pas simplement une cosmétique politique, elle ouvre aussi à des jeunes gens des perspectives très réelles sur ce qu'ils pourraient devenir un jour. Elle pluralise aussi les exemples et les modèles auxquels d'autres peuvent se référer. La façon dont une société se conçoit se traduit dans les administrations et les institutions d'un État : elle y manifeste qui a la possibilité et le droit de représenter l'État, et, par conséquent, qui en fait partie sans restriction.

*

Dans ses cours de 1983 parus dans *Le Gouvernement de soi et des autres*, Michel Foucault développe, à l'aide de la notion grecque de *parrhèsia*, l'idée du dire-vrai[1]. La *parrhèsia*, c'est d'abord la liberté de parole au sens de « franc-parler ». Mais pour Foucault, cela désigne aussi ce dire-vrai qui critique des opinions ou des positions de pouvoir : il ne s'agit pas seulement du contenu de ce qui est dit, du fait que quelqu'un dise la vérité ; ce qui caractérise la *parrhèsia*, c'est *la manière dont* les choses sont dites. Le dire-vrai de Foucault suppose de multiples prérequis. Il ne suffit pas de *nommer* la vérité ; il faut aussi y adhérer. Je ne dis pas simplement une vérité, je *crois* aussi qu'elle est vraie. La *parrhèsia* ne peut pas être exprimée dans une intention de manipulation ou de duperie. Elle ne se contente pas d'être un énoncé vrai, elle est aussi toujours une vérité faite réalité. En cela, elle se distingue des mensonges proférés en ce moment par les mouvements nationalistes ou les partis populistes de droite : ils disent qu'ils n'ont rien contre les musulmans, *mais*... Qu'ils ne veulent pas toucher au droit d'asile, *mais*... Qu'ils refusent la haine et la violence, *mais* qu'il

---

1. Michel Foucault, « Leçon 2 (cours du 12 janvier 1983) », in *Le Gouvernement de soi et des autres. Cours au Collège de France. 1982-1983*, Paris, Seuil, 2008, p. 41-70.

211

faut tout de même pouvoir dire que... Tout cela n'a rien à voir avec le dire-vrai.

Le dire-vrai nécessite en outre des relations de pouvoir particulières. Chez Foucault, celui ou celle qui dit-vrai est quelqu'un qui « se dresse en face d'un tyran et dit la vérité[1] ». Le dire-vrai est donc toujours lié à la parole de quelqu'un qui est privé d'un droit ou d'un statut ; c'est une parole pour laquelle la locutrice ou le locuteur prend un risque. Certes, il n'existe pas chez nous de tyran au sens classique du terme, mais le dire-vrai n'en est pas moins nécessaire. La phrase d'Eric Garner, « *It stops today* », « Il faut que ça s'arrête aujourd'hui », montre à quoi un dire-vrai pourrait ressembler au présent. Il nécessite le courage de prendre la parole, pour soi ou pour d'autres auxquels le droit ou le statut de l'appartenance est refusé. La *parrhèsia* dont on a besoin dans l'espace public actuel se dirige contre les puissants dispositifs du dit et du non-dit, contre les schémas de la haine qui dévalorisent et dénoncent les migrantes et les migrants, contre ces regards qui ne voient pas les personnes noires, comme si elles n'étaient pas des humains de chair et de sang, contre le soupçon permanent à l'égard des musulmans, contre les mécanismes et les habitudes qui défavorisent les femmes, et contre les lois qui ôtent aux homosexuels et aux lesbiennes, aux bisexuels et aux personnes trans la possibilité de se marier et de fonder une famille comme les autres. Il se dirige contre toutes les techniques de l'exclusion et du mépris par lesquelles les juives et les juifs sont à nouveau exclus

1. *Ibid.*, p. 49.

et stigmatisés. Le dire-vrai actuel se dirige aussi contre tout ce qui rend invisibles ceux qui doivent vivre dans des conditions sociales précaires : ceux qui ne sont pas exclus à cause de leurs convictions religieuses ou culturelles, mais simplement parce qu'ils sont pauvres et chômeurs. Ils sont méprisés dans une société qui continue à se définir par le travail, alors que chacun sait que le chômage de masse représente une constante structurelle. En leur nom et pour leur visibilité aussi, le dire-vrai est nécessaire pour briser le tabou de la classe sociale. On ne stigmatise pas seulement certaines personnes comme politiquement et socialement « superflues ». C'est la catégorie même de classe sociale qui est tout simplement ignorée, comme si elle n'existait plus. Tandis que beaucoup d'autres sont assignés à une catégorie et exclus pour cette raison, on agit à l'égard des pauvres et des chômeurs comme s'ils n'existaient pas en tant que groupe. Pour ceux qui vivent dans la pauvreté et la précarité, ce déni des inégalités sociales les conduit à percevoir leur situation comme relevant de leur responsabilité individuelle.

La sociologue israélienne Eva Illouz a mis en lumière le fait que le dire-vrai n'a pas nécessairement une direction ou un destinataire unique. Il existe des situations historiques dans lesquelles incombe le devoir de s'opposer simultanément à différentes formes de pouvoir[1]. Cela signifie que le dire-vrai ne sera pas seulement dirigé contre l'État et ses discours d'exclusion, pas seulement contre de puissants mouvements et partis, mais sans doute aussi

---

1. Eva Illouz, *Israel*, Berlin, Suhrkamp, 2015, p. 7 *sq.*

contre l'environnement social personnel, contre la famille, le cercle d'amis, la communauté religieuse, le contexte politique dans lequel on évolue, et dans lequel il faudra sans doute exprimer des objections courageuses contre les codes qui excluent et les ressentiments arrogants. Cela demande de ne pas se placer en position de victime réelle ou imaginée, dans le rôle d'une communauté marginalisée, mais d'observer avec attention si, à l'intérieur du groupe auquel on appartient, ne se mettent pas en place des dogmes ou des pratiques stigmatisantes, si là aussi ne s'installent pas des schémas de perception permettant à la haine et au mépris de se déverser. Ici encore, selon Illouz, l'objection universaliste est nécessaire.

La description foucaldienne de la *parrhèsia* donne une indication sur la manière dont la résistance à la haine et au fanatisme devrait s'exprimer : il importe de réintégrer en tant qu'individus dans un Nous universel tous ceux qui risquent d'être privés de leur subjectivité, dont la peau, le corps, le sexe ne sont pas respectés, tous ceux qui ont été catalogués non pas comme êtres humains, comme égaux, mais comme « asociaux », comme vies « improductives » ou « indignes », comme « pervers », comme « malades », comme ethniquement ou religieusement « impurs » ou « contre nature », et par là même déshumanisés.

Cela présuppose de rompre toutes les concaténations, toutes les chaînes d'association, les torsions et les stigmatisations conceptuelles ou figuratives répétées pendant des années et des décennies. De subvertir tous les schémas de perception, toutes les grilles de lecture qui font que les individus sont associés à des collectifs et les collectifs à des caractéristiques et à des attributs péjoratifs. Dans *Vérité et invention*, Albrecht Koschorke écrit : « Les conflits sociaux sont chorégraphiés le long de lignes de champ narratives » ; dans cette perspective, il importe de déranger ces chorégraphies par nos paroles et nos actes personnels[1]. Les schémas de la haine, tels qu'ils ont été décrits dans la première partie de cet essai, sont élaborés dans des récits offrant une vision particulièrement étriquée de la réalité. C'est ainsi que certains individus ou des groupes entiers se voient associés à des caractéristiques qui les dévalorisent : ils passent pour « étrangers », « différents », « paresseux », « brutes », « moralement corrompus », « impénétrables », « déloyaux », « volages », « malhonnêtes », « agressifs », « malades », « pervers », « hypersexualisés », « frigides », « mécréants », « impies », « infâmes », « pécheurs », « contagieux », « dégénérés », « asociaux », « antipatriotiques », « efféminés », « hommasses », « ennemis de l'État », « terroristes en puissance », « criminels », « capricieux », « sales », « négligés », « faibles », « veules », « séducteurs », « manipulateurs », « cupides », etc.

Les chaînes d'association, répétées en permanence, se renforcent jusqu'à former de supposées vérités. Elles se sédimentent dans les représentations médiatiques, prennent substance dans des récits ou des films, elles sont reproduites sur Internet mais aussi dans des institutions comme l'école, lorsque les enseignantes et les enseignants sont appelés à décider qui sera autorisé à aller ou non au lycée.

---

1. Albrecht Koschorke, *Wahrheit und Erfindung. Grundzüge einer allgemeinen Erzähltheorie*, Francfort-sur-le-Main, S. Fischer, 2012, p. 20.

Elles prennent corps dans les pratiques plus ou moins arbitraires de contrôles d'identité et dans les processus de recrutement au travail, lorsque certaines postulantes et certains postulants sont convoqués moins souvent que d'autres.

Le manque d'imagination est un obstacle puissant à la justice et à l'émancipation – et le dire-vrai permet d'*élargir* à nouveau le champ de l'imaginable. Les espaces d'échanges sociaux et politiques, les marges de manœuvre de la démocratie commencent aussi avec le discours que l'on adresse aux personnes et les images auxquelles on les identifie. La différenciation qui doit être opposée au dogme fanatique du pur et simple commence précisément ici : lorsque l'on recommence à opposer une observation précise aux fantasmes des théories du complot, aux qualifications collectives, aux généralisations grossières des ressentiments idéologiques. Herta Muller écrit : « Observer avec précision, c'est entrer dans les détails » – c'est ainsi que les schémas de perception qui rétrécissent la réalité doivent être démontés et rendus inopérants. Les fausses généralités par lesquelles les individus sont réduits au statut de représentants d'un groupe doivent être démontées pour que les individus et leurs actes redeviennent discernables. Et les mots d'ordre et les désignations qui excluent et enferment doivent être subvertis et transformés.

La pratique de la « re-signification », c'est-à-dire le fait de s'approprier et de réinterpréter des pratiques et des termes stigmatisants, a une longue tradition, et s'y inscrire peut certainement relever d'une technique poétique de résistance à la haine et au mépris. Le mouvement des droits civiques des Afro-Américains, mais aussi le mouvement d'émancipation des homosexuels, lesbiennes, bisexuels, trans et *queers* abondent en exemples de ces pratiques ironiques et performatives de « re-signification ». À l'heure actuelle, le « *Hate Poetry Slam* » propose une variante créative et gaie du dire-vrai face à la haine et au mépris[1]. Il existe d'autres moyens de contrecarrer la

---

1. Le « *Hate Poetry Slam* » représente à l'heure actuelle l'une de ces interventions créatives opposant à la haine et au fanatisme un parler-vrai plein d'humour et d'ironie. Ce sont Ebru Taşdemir, Doris Akrap, Deniz Yücel, Mely Kiyak et Yassin Musharbash qui ont fondé et développé le « *Hate Poetry Slam* » – par la suite Özlem Gezer, Özlem Topçu, Hasnain Kazim et Mohamed Amjahid se sont joints à eux. Lors de leurs spectacles dans les clubs ou les théâtres, ces journalistes lisent des lettres choisies parmi les plus haineuses qu'elles ou ils reçoivent de la part des lectrices et lecteurs de leurs textes. Ces lettres leur sont adressées personnellement et les noient sous des flots d'insultes racistes et sexistes. Elles offensent et calomnient (souvent dans un allemand abominablement mauvais), elles insultent et agressent, pleines de mépris de classe et de haine anti-islamique. Dans le cadre de leurs performances de « *Hate Poetry* », les destinataires de ces lettres les lisent eux-mêmes, les font sortir du silence des rédactions pour les exposer sur scène et se libèrent ainsi de l'impuissance et de la mélancolie qui normalement assaillent ceux qui reçoivent ce genre de courrier. Grâce à la publication de ce courrier de la haine, ils brisent cette sorte d'intimité à laquelle une lettre, même la plus horrible, contraint l'expéditeur et le destinataire. Ils ne veulent pas être seuls à supporter cette haine. Ils ne veulent pas non plus la supporter sans se plaindre. Ils veulent au contraire prendre à témoin l'opinion publique et les spectateurs, sortir de l'état de cibles désarmées de la haine et mettre en scène une lecture ironique qui dévoile le racisme et le subvertit. Les acteurs de la « *Hate Poetry* » réussissent ainsi une interversion efficace, aussi fine que drôle, de l'objet et du sujet. Ce ne sont plus les origines supposées, l'identité, la religion, l'apparence des journalistes qui sont l'objet de la haine, ce

puissance des assignations et des stigmatisations. Une série de mesures concrètes permet d'agir de façon plus directe, notamment sur les réseaux sociaux, contre les chambres d'écho de la haine. Tous ces outils sont nécessaires : les interventions sociales et artistiques, les débats publics et les controverses, des mesures politiques dans les domaines de la culture et de la formation, mais aussi des lois et des règlements.

*

---

sont les textes remplis de haine qui deviennent l'objet du rire. Et ils y parviennent sans dénoncer les auteurs de ces lettres. On ne tonne pas contre la « populace » nationaliste et raciste, mais on rit de ses faits et gestes, retravaillés et métamorphosés par une dissidence ironique. Les performances de « *Hate Poetry* » ne sont pas de simples lectures, elles se transforment en fête : les journalistes visés concourent pour la lettre la plus répugnante dans les catégories « Chère madame C…, cher monsieur Trou du C… », « Résiliation d'abonnement », « Grand spectacle » et « Bref mais sale ». Les spectateurs peuvent voter. L'entreprise est risquée : la mise en scène amène les spectateurs à rire de textes et de termes qui ne sont nullement drôles, mais tout simplement abjects. Le racisme brut, la haine de l'islam, le sexisme et l'inhumanité donnés à entendre consternent et horrifient. La violence des agressions verbales frappe l'ensemble du public. Chacun et chacune se demande : comment me sentirais-je ? Pourrais-je être visé/e ? Pourquoi pas ? Quelle est ma position ici : celle d'un auteur/d'une auditrice qui n'est pas visée par ces lettres ? Chacun et chacune doit se demander : quelle est mon attitude face à ce langage ? À cette haine ? Qu'est-ce que cela signifie d'en rire ? Quelle serait la réaction appropriée ? Par sa résistance créative, cette démarche artistique ne parvient pas seulement à faire rire, elle provoque aussi une réflexion approfondie sur le racisme quotidien, sur notre propre position sociale et sur la nécessité d'alliances solidaires.

Foucault signale un autre aspect de la *parrhèsia*, du dire-vrai : elle ne s'adresse pas seulement à un vis-à-vis puissant et tyrannique (en lui « jetant la vérité à la face ») ; elle s'adresse aussi à celui ou celle qui tient ce discours de vérité. Cet aspect m'est particulièrement cher. Comme si l'on se murmurait la vérité à soi-même, comme si l'on se parlait, comme si l'on concluait un pacte avec soi-même. Dire-vrai face à un pouvoir injuste, c'est toujours nouer une sorte d'alliance avec soi-même : en formulant une vérité sociale et politique, je me sens aussi liée à elle et par elle. Foucault souligne que cet acte courageux du dire-vrai n'est pas seulement un devoir : il nous lie aussi à la *liberté* qui se montre et s'accomplit dans le dire-vrai. Le dire-vrai contre l'injustice, en tant qu'acte de liberté, est un cadeau, parce qu'il met celui ou celle qui dit-vrai dans une relation à soi-même qui s'oppose à l'action aliénante du pouvoir, à sa mécanique d'exclusion et de stigmatisation. C'est pourquoi le dire-vrai ne peut pas être une action ou un acte isolé ; son pacte agit dans la durée sur le sujet parlant et l'engage.

Sans doute les innombrables bénévoles qui se sont engagés lors de la crise humanitaire pour l'aide aux réfugiés le savent-ils. À première vue, il peut sembler étrange d'interpréter cet engagement civique comme une forme de dire-vrai face au pouvoir. Mais ces citoyennes et citoyens engagés, jeunes et vieux, toutes ces familles qui ont accueilli des réfugiés chez elles, ces policiers et pompiers qui ont accepté des vacations supplémentaires, ces professeurs et éducateurs qui se sont engagés dans les classes d'accueil, tous ceux qui ont offert du temps, de la nourriture ou de l'espace – tous, ils sont passés outre les conventions sociales et les règles bureaucratiques. Ils ne se sont pas contentés de déléguer l'assistance aux réfugiés à des instances fédérales ou communales. Ils ont rempli les nombreux vides laissés par le pouvoir politique grâce à l'engagement dissident et généreux d'un mouvement social extrêmement hétérogène. Cela n'a pas été – et cela n'est pas – toujours simple. Cela a demandé – et demande encore – du temps, mais aussi de la force et du courage. Car si chaque rencontre avec des réfugiés offre la possibilité d'une découverte qui rend heureux et enrichit la vie, chaque rencontre peut aussi dévoiler quelque chose que l'on ne comprend pas, qui rebute ou perturbe.

Cet engagement est pour moi une forme du dire-vrai parce qu'il s'effectue sous la pression croissante de la rue, des attaques parfois violentes et des menaces. Les foyers de réfugiés continuent à avoir besoin de protection, les bénévoles continuent à être insultés et menacés. Il faut du courage pour s'opposer à cette haine et rester ferme dans ce qui vous semble humainement nécessaire ou évident. Chaque attentat, chaque tuerie perpétrés par un malade mental ou par un réfugié fanatisé expose cet engagement à des pressions et des objections supplémentaires. Il faut une patience et une confiance en soi inouïes pour continuer à s'occuper de ceux qui ont besoin d'aide et de réconfort, et qui ne doivent pas être punis pour les actes des autres.

La résistance civile à la haine passe aussi, me semble-t-il, par la reconquête des espaces imaginaires. Parmi les stratégies dissidentes de résistance civile au ressentiment et au mépris, et cela peut surprendre après tout ce que nous avons dit, il y a aussi les *histoires heureuses*. Face aux divers outils et structures de pouvoir qui instrumentalisent et privent de droits, il s'agit, en dépit de la haine et du mépris, de reconquérir les diverses possibilités de vie heureuse et véritablement libre. S'opposer au tyran implique toujours de résister aux dispositifs de pouvoir générateurs de répression. Et cela signifie aussi ne pas accepter le rôle de l'opprimé, du soumis, du désespéré. Être stigmatisé et exclu ne signifie pas seulement être limité dans ses possibilités d'agir ; cela prive souvent de la force et du courage de réclamer ce qui est donné à tous les autres et semble normal : pas seulement le droit à l'appartenance à la communauté, mais aussi l'aspiration au *bonheur*.

Parmi les stratégies visant à combattre la haine et le mépris se trouve donc aussi le fait de raconter les histoires *de vies et d'amours dissidentes et réussies* afin que, par-delà les récits de malheur et de mépris, se sédimente aussi la *possibilité du bonheur* comme une perspective réelle que chacun et chacune a le droit d'espérer : pas seulement ceux qui correspondent à la norme dominante, pas seulement ceux qui sont blancs, qui peuvent entendre, pas seulement ceux qui se sentent en accord avec le corps dans lequel ils sont nés, ceux qui désirent comme le leur prescrivent les affiches publicitaires ou les lois, ceux qui peuvent se déplacer librement, ni seulement ceux qui ont la « bonne » foi, les « bons » papiers, la « bonne » biographie, le « bon » sexe, mais tous.

Dire-vrai signifie aussi : conclure un pacte avec la vérité exprimée. Non seulement croire que si tous les humains ne sont pas identiques, ils n'en sont pas moins *égaux*, mais aussi concrétiser cette égalité : l'exiger vraiment, en permanence, contre les pressions, contre la haine, pour que, peu à peu, elle ne soit pas *poétiquement imaginée, mais effectivement réalisée.*

« La puissance est toujours, dirions-nous, une puissance possible, et non une entité inchangeable, mesurable et sûre, comme l'énergie ou la force », écrit Hannah Arendt dans *Condition de l'homme moderne.* « Tandis que la force est la qualité naturelle de l'individu isolé, la puissance jaillit parmi les hommes lorsqu'ils agissent ensemble, et retombe dès qu'ils se dispersent[1]. » Ce serait aussi la description la plus pertinente et la plus belle du collectif dans une société ouverte et démocratique : ce collectif est toujours une potentialité et non une chose intangible, mesurable et sûre. Personne ne définit ce collectif tout seul. Il naît entre les personnes lorsqu'elles interagissent, et il disparaît lorsqu'elles se dispersent. Se dresser contre la haine, se retrouver dans un collectif pour parler et agir ensemble, voilà qui serait une forme courageuse, constructive et tendre de la puissance.

---

1. Hannah Arendt, in *L'Humaine Condition, op. cit.*, p. 220.

Table

RÉALISATION : NORD COMPO À VILLENEUVE-D'ASCQ
IMPRESSION : CORLET IMPRIMEUR S.A. À CONDÉ-SUR-NOIREAU
DÉPÔT LÉGAL : SEPTEMBRE 2017. N° 136533 (190605)
– *Imprimé en France* –